AF450971

Editorial
NUN

BENEDICTO XV

El papa de la paz

Editorial NUN

Editorial NUN
Es una marca de Editorial Notas Universitarias, S. A. de C. V.
Xocotla 17, Tlalpan Centro, Tlalpan,
C. P. 14000, Ciudad de México

www.editorialnun.com.mx

D. R. © 2024, Editorial Notas Universitarias, S. A. de C. V.
D. R. © 2024, Mariano Fazio Fernández

El contenido de este libro es responsabilidad del autor

Comentarios sobre la edición a contacto@editorialnun.com.mx

Versión impresa, ISBN: 978-607-5913-06-3
Versión digital, ISBN: 978-607-5913-07-0

Dirección editorial: Miryam D. Meza Robles
Corrección de estilo: Óscar Díaz Chávez
Lecturas: Esmeralda Vieyra Mejia
Cuidado de la edición: Felipe G. Sierra Beamonte
Imagen de portada; The Picture Art Collection / Alamy Stock Photo: MMK0MM

MARIANO FAZIO

BENEDICTO XV

El papa de la paz

Índice

Introducción 11

Capítulo I
Giacomo Della Chiesa 15
En la curia romana....................................17
Arzobispo de Bolonia................................19

Capítulo II
Guerra, revolución y cambio cultural.......................23
La Gran Guerra..26
La Paz de Versalles....................................41
La Revolución rusa....................................44

Capítulo III
Benedicto XV y la primera Guerra Mundial............55
Los llamados a la paz................................58
La acción humanitaria..............................64
La Santa Sede y la comunidad internacional...........70
Hitos de su pontificado.............................72

Capítulo IV
La crisis de la sociedad vista por Benedicto XV.....77
Encíclica Ad Beatissimi (1-XI-1914)...78
Pacem Dei munus (23-V-1920)..84
Sacra propediem (6-I-1921)...90

Referencias 97

Introducción

En noviembre de 2023 realicé una visita a la basílica de Santa María la Mayor, en Roma. En esas semanas, la atención internacional se centraba en dos conflictos bélicos: el que enfrentaba Rusia a Ucrania, y la guerra entre Israel y el grupo terrorista Hamas. Observé que eran muchos los fieles que se acercaban a rezar ante una imagen muy bella, de mármol de Carrara, que representa a la *Regina pacis*, a la Reina de la Paz. La Virgen levanta su mano como pidiendo que se detenga la violencia, mientras el Niño Jesús muestra un ramo de laurel, símbolo de la paz. Junto a la imagen había un cuaderno en el que los fieles podían escribir sus plegarias suplicando por la paz. En la base de esta bonita imagen se lee que la hizo colocar el papa Benedicto XV en 1918, cuando la primera Guerra Mundial estaba por terminar. La situación del mundo actual hace que el pontificado de Benedicto XV tome una vigencia impensable hace unos años.

* * *

La primera Guerra Mundial marca el verdadero inicio del siglo xx. No, obviamente, desde un punto de vista cronológico, pero sí desde una perspectiva política y cultural. El mundo cambió después de cuatro años de luchas fratricidas: los imperios se desmoronan, Estados Unidos de América pasa a ser la primera potencia mundial, el marxismo comienza su marcha triunfante por el mundo a partir de 1919. A su vez, la tragedia de las trincheras cambia el panorama cultural: del ingenuo optimismo del fin de siglo se pasa a un ambiente desesperanzado, triste, que niega la posibilidad de conocer verdades objetivas que puedan orientar el orden moral.

Precisamente en los mismos comienzos de la guerra sube al Trono de Pedro un cardenal originario de Génova, desconocido a los ojos del gran mundo: Giacomo della Chiesa, que tomó el nombre de Benedicto XV. Es, quizá, el papa menos estudiado del siglo xx. Muchos lectores habrán escuchado muy poco de él. Su predecesor, Pío X, es venerado por su santidad de vida; su sucesor, Pío XI, es conocido por ser el papa que logró la independencia del poder político de la Santa Sede con la creación de la Ciudad del Vaticano y por su valiente enfrentamiento a los gobiernos autoritarios y contrarios a la religión católica en esos momentos en México, Rusia, España, Italia, Alemania, entre otros.

Este breve libro quiere ser un homenaje a un papa que dio su vida por la Iglesia y por la paz del mundo. Los papas habían perdido el poder temporal en 1870. Sin ningún poder político, su voz se alzó para levantar las banderas de la caridad, la compresión, el perdón y la justicia. Valores evangélicos que lamentablemente no estaban en las agendas de los poderosos de ese momento. Su predicación y su acción incansable en beneficio de las víctimas no fue en vano, y el papel de la Santa Sede en el ámbito internacional creció en prestigio, y por lo tanto en fecundidad. Benedicto XV es un buen precedente de los grandes papas del siglo xx.

A diferencia de otras biografías de romanos pontífices que escribí en los últimos años, dedico en ésta una atención especial a los hechos históricos internacionales de su pontificado. Consideré necesario hacerlo así, pues no se entendería gran parte del hacer de Benedicto XV si no tenemos en cuenta lo dramático de la situación que le tocó vivir.

Agradezco una vez más a la editorial NUN, que siempre ha mostrado una acogida generosa a mis escritos sobre los papas contemporáneos.

Capítulo I

Giacomo Della Chiesa[1]

Giacomo Della Chiesa nace el 22 de noviembre de 1854 en Génova, que en ese momento formaba parte del reino de Cerdeña Piamonte, con capital en Turín y gobernada por los Saboya. Pertenecía a una familia noble de tradición católica y, al mismo tiempo, fiel a la monarquía. Su padre, Giuseppe, fue oficial de la Marina Real de Cerdeña, y su madre, Giovanna Migliorati, provenía de una familia también noble, de origen napolitano, pero instalada en Génova desde hacía décadas. La situación económica familiar era bastante modesta, a pesar de la alcurnia de sus orígenes.

Desde su alumbramiento se vio que Giacomo tendría una salud débil. Recibe su educación primaria en casa —fundamentalmente en Pegli, localidad

---

[1] *Cfr.* G. Migliori, *Benedetto XV,* Milán, Editrice Daverio, 1955; J.F. Pollard, *Il papa sconosciuto,* Cinisello Balsamo, San Paolo, 2001; P. Zaldívar Miquelarena, *Benedicto XV. Un pontificado marcado por la Gran Guerra*, Pamplona, EUNSA, 2015.

marítima pegada a Génova— y parte de la secundaria en el instituto Danovaro e Giusso. En 1869 termina el bachillerato en el seminario diocesano de su ciudad, como laico. En esa época era costumbre que se ofreciera esa posibilidad a jóvenes seglares. Giacomo descubre allí su vocación sacerdotal. Su padre, sin oponerse, le pide que realice antes una carrera universitaria. Es así como ingresa en la Universidad Real de Génova, para estudiar derecho. En sus aulas, Giacomo promueve iniciativas en favor de Pío IX, que en esos años se había visto despojado de los Estados pontificios por obra de los Saboya. Convive con compañeros de ideas muy distintas a las suyas, y esta experiencia le facilitó tener una mente amplia y capacidad de diálogo. Giacomo finaliza sus estudios de derecho con escasos 21 años, en 1875. Su tesis doctoral versó sobre la interpretación de las leyes. Benedicto XV será el primer papa que accede a la cátedra de Pedro con un título universitario secular.

Libre de obstáculos para seguir su inclinación vocacional, es admitido en el prestigioso Colegio Capranica, en Roma, donde comienza sus estudios eclesiásticos, a la vez que frecuenta la Universidad Gregoriana. El 21 de noviembre de 1878 es ordenado sacerdote de manos del cardenal vicario de Roma en San Juan de Letrán. Al día siguiente celebra su primera misa en el altar de la cátedra de san Pedro, en la basílica vaticana. El lugar elegido por el flamante sacerdote manifiesta su unión al papado y sus deseos de defender los derechos que veía conculcados después de los sucesos de 1870.

En la curia romana

En los años siguientes a su ordenación, Giacomo termina su formación académica con la obtención de los doctorados en teología y derecho canónico. En 1880 ingresa en la Academia Pontificia de Nobles Eclesiásticos, es decir, la academia diplomática de la Santa Sede, situada en la Piazza della Minerva. Destaca como alumno aplicado, y rápidamente le encargan el curso de Estilo diplomático.

En 1882 es invitado a trabajar en la curia romana por Mariano Rampolla del Tindaro, hombre de confianza del papa León XIII y en ese momento secretario de la Congregación de Asuntos Extraordinarios, que se ocupaba de las relaciones internacionales entre la Santa Sede y los distintos Estados. El papa Pecci quería establecer relaciones con todos los países, rompiendo así el aislamiento en que se hallaba la sede apostólica desde 1870.

Giacomo tiene 28 años cuando inicia su larga carrera en la curia romana. Es digno de destacar que siempre tuvo un gran celo sacerdotal, y procuraba compatibilizar su trabajo de oficina con la predicación, la catequesis y el escuchar confesiones. Poco tiempo permanecerá en Roma, pues Rampolla es nombrado nuncio de Su Santidad en Madrid, una de las sedes más importantes en ese momento en Europa, junto a Viena. El recién nombrado nuncio decide llevarse a Della Chiesa como su secretario particular. Vemos así al joven sacerdote ligur en el Madrid de Alfonso XII, ayudando en todo lo que está de su mano a Rampolla, que llegará a ser su maestro y protector. La estancia madrileña, importante como primera experiencia diplomática, transcurre entre 1883 y 1887.

En esos años, León XIII es nombrado árbitro entre Alemania y España por unas disputas sobre las islas Carolinas. El Papa se complace en ver reconocida su autoridad moral tanto por una potencia católica como era España como por el imperio alemán de Guillermo I y Otto von Bismarck. La iniciativa la había tomado el canciller alemán, que en los años anteriores había desencadenado una campaña anticatólica, conocida como el *Kulturkampf.*

En 1887 Rampolla del Tindaro es nombrado secretario de Estado. Regresa a Roma acompañado por su secretario, en ese momento ya monseñor Della Chiesa. Giacomo desempeña distintas funciones junto a su maestro, hasta que, cuatro años más tarde, en 1901, León XIII lo nombra Sustituto de la Secretaría de Estado, es decir, el número tres en la jerarquía vaticana, y el colaborador más estrecho de Rampolla del Tindaro. Tras la muerte de León XIII es elegido el patriarca de Venecia, Giuseppe Sarto, quien toma el nombre de Pío X. Rampolla pudo haber sido elegido papa, pero el veto de Austria, transmitido en el cónclave por el cardenal de Cracovia, lo impidió. Pío X prohibirá toda intervención de las potencias europeas en la elección del romano pontífice. Della Chiesa, tan unido a la suerte de Rampolla, es confirmado en el cargo por el nuevo pontífice. Su inmediato superior será el nuevo secretario de Estado del Papa véneto, Rafael Merry del Val, con el que mantuvo relaciones correctas, pero muy distintas a las que había tenido con Rampolla.

Della Chiesa tiene encomendadas misiones importantes. Debe sondear entre las principales sedes episcopales italianas las actitudes en torno a la *cuestión romana* (es decir, el contencioso entre la Santa

Sede y el reino de Italia por la pérdida de los Estados pontificios), y a la participación de los católicos en la política italiana, prohibida por el *Non expedit* de Pío IX. El sustituto tiene una impresión negativa de su sondeo: ve pasividad, resignación, poco patriotismo. También viaja a París y a Viena, en misiones diplomáticas delicadas. En 1904 fallece su madre, a quien estaba unido con una relación muy profunda.

Arzobispo de Bolonia

En 1907 Pío X lo nombra arzobispo de Bolonia. Algunos han visto detrás de este nombramiento maniobras para alejarlo de la Secretaría de Estado, a causa del poco entendimiento de Della Chiesa con Merry del Val. Sea como fuere, el nombramiento se mostró providencial, pues la experiencia pastoral que adquirió en Bolonia fue fundamental para su futuro pontificado. El 22 de diciembre de ese año, el Papa consagra obispo a Della Chiesa en la Capilla Sixtina. Están presentes, entre otros, los cardenales Rampolla y Merry del Val.

Bolonia era una ciudad todavía poco industrializada, que tenía una de las universidades más antiguas del mundo, un clero poco formado y un pueblo bastante secularizado, en el que había hecho mella el socialismo y el marxismo. La administración municipal estaba en manos socialistas.

El arzobispo procuró impulsar la evangelización de su grey. Puso especial empeño en seguir de cerca la formación teológica y espiritual de los sacerdotes. Instituyó la costumbre de un día de retiro mensual para ellos, creó un boletín diocesano para dar a conocer las enseñanzas del Papa, y erigió —de acuerdo con las indicaciones de la Santa Sede— un seminario mayor regional para formar de la mejor manera a los candidatos al sacerdocio provenientes de su archidiócesis y de las sufragáneas.

Della Chiesa realizó una visita pastoral a su territorio, que duró cuatro años. Estuvo en sus 392 parroquias, acompañando a los sacerdotes, predicando a los fieles y distribuyendo los sacramentos. Procuraba no estar mucho tiempo fuera de su sede. San Pío X felicitó expresamente al arzobispo por su celo, sentido de responsabilidad y entrega a su pueblo.

También impulsó la catequesis de los niños. Preocupado por la creciente ignorancia de la doctrina cristiana de la juventud, impulsó métodos modernos —diapositivas y películas, por ejemplo— para llegar a su cabeza y a su corazón.

En plena crisis modernista, el arzobispo se mostró claro en la doctrina, pero sin caer en la rigidez y en los métodos reprobables que se seguían en algunos ambientes romanos para erradicar el error doctrinal. Esto le valió que algunos sospecharan de él como favorable al modernismo. En la encíclica inaugural de su pontificado se ocupará de desmentirlo.

Bolonia era tradicionalmente una sede cardenalicia. A muchos le llamó la atención que Della Chiesa no hubiera sido incluido en la lista de los nuevos cardenales creados por san Pío X en 1911 y 1912 (cuando el Papa crea solo un cardenal húngaro). Finalmente, es creado cardenal en mayo de 1914. No estaba en la lista que le habían presentado al Papa, y éste lo añadió personalmente. Se ha especulado mucho sobre la lentitud y las dudas que existían en la curia romana con respecto a su nombramiento. Lo cierto es que la decisión personal del papa Sarto se manifestó otra vez providencial: tres meses después de su nombramiento como cardenal, el 20 de agosto, Pío X entregaba su alma a Dios. Semanas antes había estallado la primera Guerra Mundial.[2]

---

[2]   Sobre la labor de Della Chiesa como arzobispo de Bolonia, *cfr*. S. Scottà, *Giacomo Della Chiesa arcivescovo de Bologna (1908-1914). L'"ottimo noviziato" episcopale di Benedetto XV,* Soveria Mannelli, Rubettino, 2002.

Capítulo II

Guerra, revolución y cambio cultural

Los años que van de 1914 a 1922 —es decir, los que coinciden con el pontificado de Benedicto XV— se caracterizan por ser un periodo de cambio, una coyuntura entre un siglo XIX que entra en el XX con el ingenuo optimismo de la *Belle Époque*, y un siglo XX escéptico, descreído y desesperanzado.

La idea generalizada de que el periodo anterior a la primera Guerra Mundial fue una especie de "edad de oro" de la civilización europea merecería algunas matizaciones. Bien es verdad que las últimas guerras a escala continental habían acabado en 1815, con la derrota de Napoleón en Waterloo. Pero la "paz europea" no fue total. La Guerra de Crimea, las batallas libradas en torno a las unificaciones de Italia y Alemania, las guerras balcánicas de finales del siglo XIX y principios del siglo XX dan matices a un cuadro que algunos nostálgicos imaginaron róseo. Tampoco hay que olvidar las violencias imperialistas en África y Asia.

La economía europea en general gozaba de buena salud: el Reino Unido era la potencia predominante y el patrón oro daba una garantía de estabilidad. Sin embargo, aunque el nivel de vida fue subiendo —también gracias a la segunda revolución industrial—, las diferencias sociales eran muy marcadas. En la segunda mitad del siglo XIX nacen los partidos socialistas y los sindicatos. En general, los socialistas adoptaron métodos democráticos para llegar al poder, aunque hubo intentos revolucionarios de carácter marxista o anarquista, siempre minoritarios.

La reacción al creciente socialismo la encarnó el nacionalismo, que tomó ribetes culturales, con consecuencias también políticas. Dicho esto, Europa gozaba de una aparente tranquilidad, simbolizada por el anciano emperador Francisco José en el trono de Viena. El viejo continente era en su mayoría monárquico, con las excepciones republicanas de Francia, Suiza y, a partir de 1910, Portugal.

Las relaciones entre las grandes potencias europeas eran tensas, aunque bajo un manto diplomático que no les impedía participar en exposiciones universales o en congresos de paz. La pretensión hegemónica de Alemania, unificada en 1871, era evidente. Quería conquistar "un lugar bajo el sol" y consideraba que había que debilitar al imperio británico. Había establecido una alianza estratégica con Austria-Hungría e Italia para contrarrestar la sensación de asedio que sentía por el este con Rusia y por el oeste con Francia. Dichas potencias habían establecido otra alianza, a la que se sumó el Reino Unido, aunque sin compromisos estrictamente militares por parte de los británicos.

La carrera armamentista para prepararse para un eventual conflicto bélico estuvo presente en las políticas oficiales de las grandes potencias. En este sentido, la competencia por la supremacía marítima estuvo protagonizada por Alemania y el Reino Unido. Fue Winston Churchill, como primer lord del Almirantazgo, quien logró mantener la supremacía británica en los mares.

En las páginas siguientes haremos una breve descripción de los principales acontecimientos de la primera Guerra Mundial. Concluimos esta introducción con un texto esclarecedor de Ian Kershaw:

> Detrás de todos estos funestos pasos hacia la guerra se escondía el miedo. Todas y cada una de las potencias temía por su propio futuro. Esos temores venían determinados en parte por las presiones internas en pro de la democratización y el socialismo o, especialmente en el caso de Austria, por unas estridentes exigencias nacionalistas que se temía que pudieran acabar por hacer trizas el imperio (como de hecho harían). Pero las grandes potencias se tenían miedo fundamentalmente unas a otras. Alemania temía verse rodeada por sus enemigos, Francia y Rusia. Temía especialmente a Rusia y las consecuencias de que el poderío militar del régimen zarista superara al suyo, incluida una futura dominación rusa de los Balcanes, zona considerada vital para la expansión de su propia influencia. Rusia a su vez temía el control de los alemanes sobre los Balcanes, el Oriente Próximo y el trascendental cordón umbilical económico que para ella suponían los estrechos del Bósforo y los Dardanelos. Francia, invadida por Prusia apenas unos cuarenta

años antes, en 1870, abrigaba un temor casi paranoico a Alemania. Inglaterra temía la pérdida de su dominio comercial y la supremacía alemana en Europa. El control de las costas de Bélgica y Francia, justo al otro lado del Canal de la Mancha, por Alemania, constituía una idea intolerable. El miedo aceleró la carrera armamentística. Aceleró también las ganas de actuar antes de que fuera demasiado tarde, de aprovechar la ocasión antes de que lo hiciera el enemigo y de encontrar la ocasión propicia. Y todas las grandes potencias tenían en común el miedo a quedar en ridículo echándose atrás cuando estuvieran al borde del abismo.[1]

Analicemos a continuación algunos de estos hechos históricos que encuadran el pontificado de Benedicto XV.

La Gran Guerra

El 28 de junio de 1914, en Sarajevo, era asesinado el archiduque Francisco Fernando, heredero al trono de los Habsburgo. El asesino era un estudiante serbio, Gavrilo Princip. Pocas semanas más tarde, el 28 de julio, después de un ultimátum de Viena a Belgrado, imposible de aceptar, el imperio austrohúngaro declaró la guerra a Serbia. Rusia moviliza sus tropas hacia el oeste, en apoyo de Serbia. Alemania se siente amenazada y, después de intentos fallidos del káiser para convencer a su primo el zar de que retire su ejército, declara la guerra a Rusia el 1 de agosto. Las

---

[1] I. Kershaw, *Descenso a los infiernos*, Barcelona, Crítica, 2021, pp. 71-72.

declaraciones de guerra se suceden en los primeros días de ese mes fatídico. Se van configurando dos alianzas que se enfrentarán violentamente durante cuatro años. Los imperios centrales —el segundo Reich alemán, gobernado por el káiser Guillermo II, y el imperio de Austria-Hungría a cuya cabeza estaba el anciano Francisco José— por un lado; por el otro, la Rusia zarista de Nicolás II, el Reino Unido, Francia y Serbia. Posteriormente se unirían a los imperios centrales el imperio otomano y Bulgaria. Italia, Rumania y Portugal se pondrían del lado de los Aliados o Entente. En 1917 harían lo propio los Estados Unidos del presidente Wilson. Aparentemente, nadie deseaba la guerra, pero se llevaba años de tensión entre las potencias, provocada por una carrera armamentista cada vez más peligrosa, y por políticas de prestigio que crearon continuos conflictos entre ellas.[2]

Desde el principio de los enfrentamientos los beligerantes pensaron que se trataría de una guerra breve. Pocas semanas después, los hechos demostraron lo errado de tales pronósticos. En el frente occidental, los alemanes invadieron Bélgica y penetraron en el norte de Francia. Llegaron a estar a pocos kilómetros de París. Los soldados franceses e ingleses lograron frenar la ofensiva alemana —en la llamada batalla del Marne—, pero lejos de expulsar a los alemanes del territorio francés y belga, la guerra se estabilizó en ese territorio hasta 1918. Esta batalla fue decisiva porque tiraba por tierra la estrategia alemana de derrotar rápidamente a los franceses para dedicarse después al frente oriental contra Rusia. Era el

---

[2] Sobre los precedentes de la primera Guerra Mundial, además de I. Kershaw, *Descenso a los infiernos, cfr.* M. MacMillan, *1914. De la paz a la guerra*, Madrid, Turner, 2013.

llamado Plan Schlieffen. Fue una guerra de trincheras, donde se luchó por cada metro con una crueldad nunca vista antes en Europa, también a causa del desarrollo de las armas. El 25 de abril de 1915 los alemanes utilizaron por primera vez gas tóxico como arma letal. Los aliados siguieron su ejemplo. Después, se sumaron los lanzallamas. Los ataques aéreos se multiplicaron en todos los frentes. Londres sufrió particularmente por los bombardeos realizados desde los zepelines alemanes. En esta guerra también se estrenaron los carros armados.

En los primeros meses de la guerra el frente oriental presentaba un panorama confuso, con victorias alemanas sobre los rusos, y con victorias rusas sobre el ejército austriaco. Pero pocos meses más tarde cambian las tornas, y decenas de miles de rusos perecen o son tomados prisioneros en la Galizia austriaca. Por primera vez después de las guerras napoleónicas, el propio territorio ruso corre peligro.

En marzo y abril de 1915 tuvieron lugar enfrentamientos navales y por tierra en el estrecho de los Dardanelos y en la península de Gallípoli. Los aliados consideraron —instigados fundamentalmente por Winston Churchill desde el Almirantazgo británico— que era fácil vencer al ejército turco ——el mmperio otomano se había unido a los imperios centrales en octubre de 1914—, tomar Constantinopla y ganar vastos territorios que se repartirían entre el Reino Unido, Francia y Rusia. A su vez, sería la oportunidad para convencer a Italia de que entrara en la guerra con generosas promesas territoriales en desmedro de Austria-Hungría y de Turquía. Italia entró en la guerra en mayo de ese año, rompiendo una alianza de décadas con los imperios centrales. Pero frente a los sueños de una victoria fácil, la realidad fue muy distinta. El desembarco en Gallípoli supuso la pérdida de decenas de miles de soldados aliados, y nunca se logró desfondar las defensas de los soldados turcos comandados por oficiales alemanes. En ese ámbito tuvo un brillante desempeño Mustafá Kemal, quien tendría un papel de primer orden en la Turquía después de la Gran Guerra. A principios de 1916 los aliados abandonan ese territorio.

La guerra es verdaderamente mundial: hay enfrentamientos en África entre alemanes y tropas del imperio británico, y batallas interminables entre alemanes y turcos de una parte, y británicos de la otra en Mesopotamia. En todos los frentes luchan soldados de los imperios inglés y francés, procedentes de Asia, Oceanía, América y África.

En 1915 tiene lugar la tragedia del genocidio armenio, provocada por las autoridades del imperio otomano, con las protestas de Rusia, Francia y Reino Unido, y con la posición tibia y resignada de Alemania y Austria-Hungría. De los aproximadamente dos millones de armenios que vivían en el Imperio otomano a principios del siglo xx, fueron exterminados un millón y medio. Las Naciones Unidas definen el genocidio como "el exterminio de un grupo nacional, étnico o religioso". Estamos frente a un auténtico genocidio: el gobierno turco quiso eliminar de su territorio a esa minoría cristiana, que se encontraba allí desde tiempos inmemoriales, y era considerado poco leal al imperio. Antes de la guerra, tanto en 1895 como en 1909, había habido persecución contra los armenios. El imperio aprovechó las circunstancias de la guerra para llevar adelante una política de "limpieza étnica", que sería un precedente para el holocausto del pueblo hebreo pocos años más tarde.[3] La historiografía oficial turca ha intentado desmentir esta tragedia, pero los hechos están más que comprobados por todo tipo de fuentes.

Desde la entrada de Italia en la guerra, en mayo de 1915, se abre un nuevo frente en los Dolomitas, en la frontera con Austria, y en el Friuli. Hay un sinnúmero de batallas a las orillas del río Isonzo, con decenas de miles de muertos y una situación estabilizada en la que ninguno de los contendientes logra dar un golpe final a la lucha.

En 1916, durante diez meses, el frente occidental se concentra en la batalla de Verdún, en la que se enfrentan franceses y alemanes. Finalmente, la ciudad de Verdún no caerá, pero a un costo enorme por las dos partes: 650 000 hombres murieron en el campo de batalla. La resistencia francesa se debió en parte a la ofensiva de los aliados en la llamada batalla del Somme, que obligó a los alemanes a dirigir hacia allí numerosos soldados que estaban luchando en Verdún. En el Somme murieron 146 000 soldados aliados y 164 mil alemanes, sin que hubiera un vencedor claro.

En ese mismo año, los rusos, al mando del general Brusilov, consiguen triunfos espectaculares contra los austriacos y recuperan terreno perdido. En cambio, los británicos son derrotados en Mesopotamia por el ejército turco. Los miles de prisioneros tomados en Kut son obligados a realizar una marcha por el desierto, en la que prácticamente mueren todos los soldados ingleses.

---

[3]   *Cfr.* V. Messori, Prefazione a F. Amabile-M. Tossati, *La vera storia del Mussa Dagh*, Milán, Guerrini, 2003, pp. 7-14.

La batalla naval más importante hasta ese momento tuvo lugar el 31 de mayo y el 1 de junio de 1916 en Jutlandia, en la costa danesa, donde se enfrentaron las flotas de Alemania y del Reino Unido. Fue el mayor enfrentamiento de acorazados de la historia. El resultado fue ambiguo, y ambas partes cantaron victoria, aunque hubo 6 100 bajas británicas contra 2 500 alemanas. Los británicos mantuvieron su dominio en el Mar del Norte y su capacidad de bloqueo al comercio alemán.

En los Balcanes, los imperios centrales invaden y ocupan Serbia y Montenegro. Bulgaria se une a Viena y Berlín, con el afán de ganancias territoriales. Rumania, tras titubear, se alinea con los aliados.

A finales de 1916 cambian algunos protagonistas de la guerra. Woodrow Wilson es reelegido presidente de los Estados Unidos, que pronto entrarían en la contienda; el emperador Francisco José de Austria-Hungría muere el 21 de noviembre a sus 85 años y lo sucede su sobrino nieto Carlos de Habsburgo; el 6 de diciembre, David Lloyd George asume como nuevo primer ministro, sustituyendo al anciano Herbert Asquith. Una propuesta para un plan de paz ofrecida por Wilson es rechazada por las dos partes, así como la oferta de iniciar negociaciones con los aliados por parte del canciller alemán Bethmann-Hollweg, quien sería pronto removido de su cargo.

El año de 1917 depara dos grandes novedades: el ingreso de Estados Unidos en la guerra, después de que los submarinos alemanes, durante años, hundieran barcos estadounidenses o de otras banderas con pasajeros de esa nacionalidad, y de que Alemania declarara su decisión de hundir indiscriminadamente todo tipo de embarcaciones para dar un giro radical a la guerra; y el retiro de Rusia, sobre todo a partir de la Revolución de octubre. La entrada de Estados Unidos también fue motivada por el descubrimiento de una maniobra diplomática alemana, que quería involucrar en el conflicto a México y a Japón.

La intervención de Estados Unidos será decisiva para el triunfo de los aliados, pero en este año todavía son pocos los contingentes de soldados que llegan a Francia. El ejército estadounidense estaba compuesto en general por tropas sin experiencia ni entrenamiento, y hubo que esperar varios meses hasta que su desempeño empezara a influir en el resultado de la contienda.

Sobre la Revolución rusa nos detendremos en las páginas sucesivas. Aquí cabe decir que Alemania facilitó la labor de los revolucionarios rusos que deseaban poner fin a la guerra, considerada una aventura imperialista. El mismo Lenin llegará a Finlandia desde Suiza, para después pasar a Rusia, montado en un tren alemán. Desde comienzos de 1917 numerosos soldados se niegan a participar en las batallas, con el consiguiente avance del ejército alemán, que logró reconquistar todo el terreno perdido después de las victorias rusas de 1916.

El de 1917 será también el año de los amotinamientos del ejército francés, ya exhausto después del esfuerzo de tres años de guerra en el norte de su territorio y en Bélgica. El general Pétain —héroe de Verdún— logró que volviera el orden entre las filas, pero la señal de agotamiento era clara. En Inglaterra va creciendo el movimiento pacifista, habitualmente reprimido por las autoridades británicas.

La guerra fue la oportunidad para el fortalecimiento de distintos movimientos nacionalistas. En el imperio austrohúngaro, numerosos checos y polacos sueñan con sus respectivas independencias, una vez que Austria sea derrotada. Los árabes aprovechan las circunstancias para enfrentarse con los turcos en el territorio del Imperio otomano, en connivencia con ingleses y franceses. Los judíos alimentan el sueño de un Estado hebreo, a expensas de los turcos. Todos estos movimientos encontrarán distintas salidas en los tratados de paz después de la guerra.

El frente italiano, a semejanza del occidental, es desgastante. El Isonzo sigue siendo testigo de avances y retrocesos de italianos y austriacos, al igual que las cumbres del Trentino. A finales de octubre y principios de noviembre tuvo lugar la batalla de Caporetto, donde los imperios centrales obtuvieron una victoria neta sobre Italia, que sufrió la pérdida de 10 mil soldados, 30 mil heridos y casi 300 mil prisioneros.

El año 1918 inicia se abre con una posición ventajosa para las potencias centrales. La retirada de Rusia y el acuerdo de Brest-Litovsk entre Alemania, Austria, Turquía y Bulgaria por una parte y los bolcheviques por la otra, liberaba el frente oriental: el ejército alemán podría reforzar el frente occidental. El tratado fue firmado el 3 de marzo. Alemania había conquistado prácticamente todas las tierras que había ganado para Rusia el zar Pedro el Grande a principios del siglo xviii. Fue, sin embargo, un tratado de consecuencias efímeras, como se verá más adelante.

Por su parte, el presidente Wilson, el 8 de enero, presentaba ante el Congreso de los Estados Unidos sus famosos 14 puntos como propuesta de paz. Al mismo tiempo, presionado por el Reino Unido y Francia, envía contingentes cada vez más numerosos de soldados estadounidense al frente.

Entre marzo y abril, la ofensiva alemana en Bélgica y Francia hace avanzar a sus tropas hasta acercarse nuevamente a París, como en 1914. El apoyo estadounidense a los ejércitos franco-ingleses todavía no es muy eficaz, y la resistencia aliada está muy cerca del agotamiento.

Mientras tanto, en el frente italiano tiene lugar la batalla del Piave, en el mes de junio, en la que Italia obtuvo un triunfo contundente, a pesar de las numerosas bajas que quedaron sobre el territorio. Fue la última ofensiva seria de los austriacos en Italia. Contemporáneamente, en los Balcanes Bulgaria es derrotada en toda la línea por los aliados, y es la primera potencia que pide un armisticio, obtenido en el mes de octubre. El país balcánico tiene que aceptar duras condiciones para firmar la paz, con pérdidas territoriales importantes. Además, la salida de Bulgaria de la guerra implicaba que ya no había comunicación directa entre los imperios centrales y Turquía.

En el imperio otomano los turcos presenciaron cómo los pueblos árabes se unían a los aliados. El famoso Lawrence de Arabia supo tejer alianzas que llevaron a la derrota de los turcos en el Medio Oriente. El año anterior, en diciembre, el general Allenby había entrado en Jerusalén, y en septiembre de 1918 había tomado Damasco.

El frente occidental, reforzado por la llegada continua de tropas estadounidenses, cambia radicalmente. Los aliados lanzan ofensiva tras ofensiva y recuperan terreno. En octubre los generales Hindenburg y Ludendorff piden al káiser que ruegue un armisticio. Guillermo I decide cambiar el régimen político de Alemania, transformándolo en parlamentario, y da la orden de continuar con la guerra. Habrá que esperar unas semanas para el fin de los combates. Mientras tanto, las protestas sociales en Alemania y Austria se suceden: la gente se muere de hambre, está harta de ver a maridos, hijos y hermanos desangrarse en el frente. Muchos son los que se dejan seducir por las promesas de la revolución comunista. Los amotinamientos de marinos y soldados en Alemania, las secesiones de checos y eslovacos, por una parte, y eslavos del sur por otra, dan jaque mate a los imperios centrales. El 30 de octubre Turquía firmaba un armisticio en Moudrós (isla de Lemnos), y Austria hacía lo mismo en Padua el 3 de noviembre. Alemania firmaría el armisticio el 11 de noviembre, en un vagón de ferrocarril en los bosques de Compiègne. A pesar de que el ejército alemán se encontraba todavía en territorio enemigo, la situación interna de Alemania obligó a poner fin a los enfrentamientos.[4]

* * *

En agosto de 1914, en las grandes capitales europeas hubo explosiones de júbilo al declararse la guerra. Una multitud se reunió frente al Palacio de Invierno, en San Petersburgo, para dar vivas al zar; el káiser Guillermo II afirmó —también frente a una multitud— que se habían superado las divisiones internas y ahora todos eran simplemente alemanes; el presidente francés Poincaré convocaba a una política de "unión sagrada". Muchos bolcheviques rusos, socialdemócratas alemanes, socialistas franceses y laboristas británicos se enfervorizaron con la defensa de

---

4 Sobre el desarrollo de la primera Guerra Mundial *cfr.* M. Gilbert, *La primera Guerra Mundial*, Madrid, La esfera de los libros, 2004.

sus respectivas patrias, dejando de lado, por lo menos temporalmente, sus ideales internacionalistas. Los entusiasmos pronto se debilitaron, y muchos dieron razón a los grupos pacifistas que a duras penas sobrevivieron en los países en guerra.

Los números suelen ser fríos. Cuando se trata de víctimas de una de las guerras más sangrientas de la historia, las cifras no transparentan suficientemente los dramas humanos de los soldados caídos, de las viudas y de los huérfanos que dejaron, ni la angustia de muchos que se preguntaban el porqué de la contienda, sin encontrar una respuesta convincente. Sin embargo, los números son útiles para hacernos una idea de la tragedia. Durante la Gran Guerra cayeron un millón 800 mil alemanes, un millón 700 mil rusos, un millón 384 mil franceses, un millón 290 mil austrohúngaros, 743 mil ingleses, 615 mil italianos, 335 mil rumanos, 325 mil turcos, 90 mil búlgaros, 60 mil canadienses, 59 mil australianos, 49 mil indios, 48 mil estadounidenses, 45 mil serbios, 44 mil belgas, 16 mil neozelandeses, 8 mil sudafricanos, 7 mil portugueses, 5 mil griegos y 3 mil montenegrinos. En total, ocho millones 617 mil bajas. Evidentemente, son números aproximados. Se calcula que la guerra provocó 20 mil de heridos.

Entre 1918 y 1919 una epidemia de gripe, expandida por todo el mundo, duplicó el número de muertes de la Gran Guerra. Las sociedades europeas se poblaron de lisiados, muchos de ellos impedidos hasta el fin de sus días de llevar una vida normal; fueron millones las viudas que quedaron al frente de sus hogares, la mayoría de las veces sin suficientes recursos económicos. Las enfermedades mentales de los excombatientes supusieron un desafío para la salud pública de las distintas naciones. A su vez, muchos soldados no se adaptaron a la vida civil que llevaban antes de la guerra, y se unieron a grupos paramilitares que sembraron violencia y odio en el seno de unas comunidades ya asqueadas de tanta crueldad.

Los War Poets —un grupo de soldados ingleses que lucharon en la Gran Guerra y escribieron sus poemas en las trincheras— ponen de manifiesto el cambio de humor que se dio entre los combatientes entre el inicio de la guerra y su desarrollo, cuyo fin no se avistaba y parecía que su duración iba a ser casi interminable. Al principio, muchos estaban imbuidos de espíritu patriótico y consideraban justa la participación de su nación en el conflicto, en defensa de los valores de la tradición británica. En 1914, Rupert Brooke escribe que los muertos en guerra "han traído Santidad, que hacía tiempo había desaparecido / y Amor y Dolor. / El Honor ha vuelto, como rey a la tierra". Thomas Hardy pone en boca de un soldado inglés: "Sabemos lo que hacemos, / aunque haya gente que no lo vea / porque están distraídos. / Inglaterra nos necesita". Laurence Bunyon, ante las noticias de los primeros caídos en la guerra, afirmaba: "Con agradecimiento orgulloso de una madre por sus hijos / Inglaterra llora a sus muertos del otro lado del mar. / Carne de su carne, eran, espíritu de su espíritu / caídos por la causa de los libres".

Pasados los primeros entusiasmos, el humor cambia. El mismo Bunyon, frente a las masacres vividas, considera que los soldados son "creadores de viudas, creadores de huérfanos". Richard Aldington escribía: "¡Qué inútil todo este clamor, / esta destrucción y esta disputa!". Y Wilfred Owen, después de describir los horrores de la guerra, concluye su poema explicando que se debe estar en el frente para darse cuenta de la crueldad de los campos de batalla. Al lector le alecciona: si hubieras estado allí, "no contarías con tan noble entusiasmo / a los niños que buscan alguna gloria desesperada / la antigua mentira: *Dulce et decorum est / pro patria mori* (Es dulce y bello morir por la patria)". En realidad, ese patriotismo ingenuo del inicio de la guerra es una falacia, pues la muerte violenta no es ni dulce ni bella.

Siegfried Sassoon, soldado pacifista, dejó un poema titulado "Ellos". No pudo ser más gráfico al apuntar contra la guerra:

El obispo nos dice: "Cuando los muchachos vuelvan
no serán más los mismos: porque habrán combatido
por una justa causa: han guiado el último ataque
contra el Anticristo; la sangre de sus compañeros
ha reconquistado el derecho de hacer crecer una raza de honor,
han desafiado la muerte, han osado afrontarle de cerca".
"Ninguno de nosotros es el mismo", responden los muchachos.
"Porque George ha perdido sus dos piernas, y Bill está ciego;
al pobre Jim le han disparado a los pulmones y probablemente morirá,
y Bert agarró la sífilis; no encontrará a ninguno que estuvo en la guerra y no haya cambiado un poco".

Y el párroco dijo: "Los caminos del Señor son extraños".[5]

Y una canción inglesa de trinchera decía: "Estamos aquí porque estamos aquí, porque estamos aquí, porque estamos aquí".[6]

El subteniente francés Alfred Joubaire, de 21 años, tomó parte en la batalla de Verdún. El 23 de mayo apuntó en su diario: "¡La humanidad está loca! Tiene que estar loca para hacer lo que está haciendo. ¡Qué masacre! ¡Cuántas escenas de horror y muerte! No encuentro palabras para transmitir mis impresiones. El infierno no puede ser tan terrible. ¡Los hombres están locos!".[7] A su vez, ante la pregunta del explorador Ernest Shackleton al administrador de una base ballenera en las Georgias del Sur, después de haber estado dos años aislado en la Antártida, sobre cuándo había acabado la guerra, éste le respondió: "La guerra no ha acabado. Están matando a millones de personas. Europa está loca. El mundo está loco".[8]

El alemán Ernst Jünger narra cómo

habíamos abandonado las aulas de las universidades, los pupitres de las escuelas, los tableros de los talleres, y en unas breves semanas de instrucción nos habíamos fusionado hasta hacer de nosotros un único cuerpo, grande y henchido de entusiasmo. Crecidos en una era de seguridad, sentíamos todos un anhelo de cosas insólitas, de peligro

---

[5]   *Cfr.* AA. VV., Paola Tonussi (ed.), *War Poets. Nelle trincee della Prima Guerra mondiale*, a cura di Paola Tonussi, Milán, Ares, 2022.

[6]   I. Kershaw, *Descenso a los infiernos*, p. 110.

[7]   Citado por M. Gilbert, *La primera Guerra Mundial*, p. 335.

[8]   *Ibid.*, p. 344.

grande. Y entonces la guerra nos había arrebatado como una borrachera. Habíamos partido hacia el frente bajo una lluvia de flores, en una embriagada atmósfera de rosas y sangre. Ella, la guerra, era la que había de aportarnos aquello, las cosas grandes, fuertes, espléndidas. La guerra nos parecía un lance viril, un alegre concurso de tiro celebrado sobre las floridas praderas en que la sangre era el rocío.[9]

En sus memorias, que abarcan toda la guerra, el militar originario de Hannover narra con realismo los avatares de los soldados en las trincheras. Jamás se plantea la justicia del conflicto, y trata con respeto al enemigo. Realza actos heroicos y el espíritu de cuerpo de los alemanes. "En estos hombres está viva una fuerza elemental que subraya, pero a la vez espiritualiza, la ferocidad de la guerra: el gusto por el peligro en sí mismo, el caballeresco afán de salir airoso de un combate. En el trascurso de cuatro años el fuego fue fundiendo una estirpe de guerreros cada vez más pura, cada vez más intrépida".[10] A pesar del heroísmo propio y ajeno, en los últimos meses de la guerra, Ernst manifiesta cansancio y hastío. "La violencia ya no me deslumbraba tanto como antes. También notaba que el espíritu con que había partido hacia el frente se había gastado y ya no bastaba. La guerra planteaba unos enigmas más profundos".[11] Esos enigmas marcaron a toda una generación.

---

[9] E. Jünger, *Tempestades de acero*, Barcelona, Tusquets, 2018, p. 5.
[10] *Ibid.*, p. 148.
[11] *Ibid.*, p. 276.

La Paz de Versalles

Todo cambió después de la Gran Guerra. Desaparecen los imperios —el alemán, el austro-húngaro, el otomano y el ruso—, y surgen nuevos Estados en el centro y el este de Europa, en el norte de África y en el Medio Oriente. El viejo continente deja de ser el centro del mundo: Estados Unidos se erige claramente en la primera potencia.[12] La Paz de Versalles, firmada en 1919, humilla a las naciones vencidas, y en particular a Alemania. El nacionalismo herido de tantos pueblos son el caldo de cultivo para el surgir de los totalitarismos que volverían a ensangrentar a Europa y al mundo dos décadas después de la paz.[13]

Entre los meses de enero y junio de 1919 se reunieron en París los representantes de los países aliados. Los principales protagonistas del congreso de paz fueron Georges Clemenceau, David Lloyd George y Woodrow Wilson. Aunque no hubo un entendimiento completo entre los tres aliados, al final se llegó a un acuerdo y se presentó un tratado de paz a Alemania, que tuvo que aceptar porque no le quedaba más remedio, pero que consideró siempre injusto, en particular en lo que respecta a cargar con la responsabilidad moral y material de la guerra. Se firmó el 28 de junio en la Galería de los Espejos del Palacio de Versalles, el mismo lugar en el que en 1871 se había

---

[12] De esta supremacía era muy consciente el papa Benedicto XV. En una carta que dirige al emperador Carlos de Austria, le dice: "En la presente situación internacional el que decide sobre la paz y la guerra no es ni Italia, ni Inglaterra ni Francia, sino únicamente el presidente de la gran república americana" (Vaticano, 25-29 de septiembre de 1918. AAES, Stati Ecclesiastici, 216, vol. XII).

[13] Sobre la Paz de Versalles, *cfr.* M. MacMillan, *París 1919. Seis meses que cambiaron el mundo*, Barcelona, Tusquets, 2005.

proclamado el II Reich alemán, después del triunfo sobre Francia en Sedan.

El 10 de septiembre de ese año se firmó el Tratado de Saint Germain-en-Laye con Austria; el 27 de noviembre el de Neuilly-sur Seine con Bulgaria; el 4 de junio de 1920 el de Trianon con la nueva república de Hungría; finalmente, el Tratado de Sèvres con Turquía, el 10 de agosto de 1920.

En síntesis, las consecuencias de estos tratados fueron las siguientes: desarme de las naciones perdedoras, pago de indemnizaciones por los daños causados por la guerra —en el caso de Alemania, el monto era estratosférico—, pérdidas territoriales. Las más importantes fueron: Alemania perdía 70 mil km cuadrados de territorio y 10% de su población. Su imperio colonial pasaba a Francia, Inglaterra, Bélgica y Sudáfrica, y Alsacia y Lorena retornaban a Francia; Trentino (o Tirol del Sur), Trieste e Istria pasaban de Austria a Italia; Polonia se constituía como Estado soberano, con ganancias territoriales sobre Alemania y Austria; Rumania se hacía con parte de Hungría (fundamentalmente Transilvania); Bulgaria cedía Tracia a Grecia; se reconocía la independencia de Hungría y la creación de los nuevos Estados de Checoslovaquia y Yugoslavia; se desintegraba el imperio otomano, que quedaba reducido a Turquía (península de Anatolia). El resto del territorio pasó a la administración británica o francesa, o a Estados independientes en el norte de África y en la península arábiga.

La derrota alemana anuló el tratado de Brest-Litovsk. Finlandia, Lituania, Letonia y Estonia serían países independientes. A su vez, la Rusia de los soviets fue recuperando el terreno perdido por dicho tratado, hasta reconquistar todo en 1940.

En el tratado de Versalles también se establecía la creación de la Sociedad de Naciones, por iniciativa del presidente Wilson. Tal sociedad sería la encargada de dirimir las disputas internacionales, defender las minorías y garantizar la paz. Estados Unidos, a causa del voto negativo del senado, no ingresó en la misma. A Alemania y a la Rusia bolchevique no les fue permitido entrar. No teniendo capacidad militar de intervención, pronto se reveló una institución más bien quimérica. Su sede estuvo en Ginebra.[14]

Muy rápidamente se comprobó que en cualquier solución que se adoptara, entraban en conflicto las ideas de la democracia liberal y el nacionalismo étnico. Numerosas minorías étnicas vivían fuera de su territorio nacional: millones de húngaros se encontraron de un día para otro en Rumania, así como millones de alemanes amanecieron en Checoslovaquia. Todo esto traería consecuencias graves para el futuro de la paz europea.

El economista inglés John Maynard Keynes profetizó quizá la consecuencia más importante de esta paz tan poco generosa:

> Si lo que nos proponemos es que, por lo menos durante una generación Alemania no pueda adquirir siquiera una mediana prosperidad; si creemos que todos nuestros recientes aliados son ángeles

---

[14] En *Memorias de Mamá Blanca*, la novelista venezolana Teresa de la Parra, escribía en 1929: "Como aquí entre nosotros, no vayan a ofenderse esos señores, es sabidísimo que en todos los Congresos y Asambleas diplomáticas, desde los tiempos de Asiria y Babilonia, hasta nuestros días en la Sociedad de Naciones, los delegados no han tenido nunca más misión efectiva que la de ocultar al público, con habilidad y con admirable espíritu de asociación, la inutilidad absoluta de sus reuniones" (Caracas, Dimensiones, 1979, p. 72).

puros y todos nuestros recientes enemigos, alemanes, austriacos, húngaros y los demás son hijos del demonio; si deseamos que, año tras año, Alemania sea empobrecida y sus hijos se mueran de hambre y enfermen, y que esté rodeada de enemigos (...) si tal modo de estimar a las naciones y las relaciones de unas con otras fuera adoptado por las democracias de la Europa occidental, entonces, ¡que el Cielo nos salve a todos! Si nosotros aspiramos deliberadamente al empobrecimiento de la Europa central, la venganza, no dudo en predecirlo, no tardará.[15]

Y el francés mariscal Foch, con acierto premonitorio, añadía: "Esto no es una paz. Es un armisticio de veinte años".[16]

La Revolución rusa

A principios del siglo XIX Rusia era un país de dimensiones colosales, que ocupaba una parte considerable de Eurasia. Contaba con 125 millones de habitantes, pertenecientes a razas y etnias distintas, aunque el 70% de la población era de origen eslavo (rusos, ucranianos, bielorrusos, polacos, etc.). El régimen zarista mantenía su autoritarismo tradicional. Nicolás II, el último de los Romanov, era una persona dubitativa, con escasa capacidad para el gobierno: "No estoy preparado para ser zar. Nunca quise serlo. No sé nada sobre el oficio de gobernar. No tengo la menor idea de cómo hablar a los ministros", afirmó.[17] Los

---

[15] J. M. Keynes. *Las consecuencias económicas de la paz*, 1919.

[16] Citado por I. Kershaw, *Descenso a los infiernos*, *op. cit.*, p. 145.

[17] Citado en D. L. Hoffmann, *La era de Stalin*, Madrid, Rialp, 2019, p. 30.

aproximadamente 400 mil funcionarios del Estado obedecían a sus mandatos, que llegaban muy de vez en cuando a los últimos confines del imperio, pues las distancias enormes y la pobre infraestructura de caminos o ferrocarriles hacían muy difícil la comunicación.

En las últimas décadas del siglo xix y los primeros años del xx hubo un proceso de industrialización importante, aunque la estructura social era fundamentalmente la propia de una sociedad agrícola. La mayoría de la población —aproximadamente el 80%— era campesina. Por lo general, los campesinos practicaron una agricultura de subsistencia y trabajaban tierras comunales, pero muchos otros trabajaban como aparceros o jornaleros de los grandes propietarios. Dicha estructura social distaba mucho de la que se podía encontrar en el Reino Unido, Francia o Alemania.

La capacidad bélica del ejército ruso, si bien numéricamente era de las más grandes de Europa, estaba atrasada en lo que se refiere a armamentos y avances técnicos. En 1905 tuvo lugar la guerra ruso-japonesa. Contra todos los pronósticos, Rusia es derrotada por los nipones. Este hecho implicó una humillación nacional y una pérdida de prestigio de las autoridades zaristas.

En 1905 se dan los primeros pasos de la revolución que pondrá fin al régimen de los zares. Durante el siglo xix la *intelligentsia* rusa fue proponiendo reformas, habitualmente desatendidas por el poder. Algunos pasaron a los hechos: en 1881 es asesinado el zar Alejandro II. Sus descendientes, Alejandro III y Nicolás II también sufrieron atentados, de los que salieron con vida. Tanto entre los intelectuales como entre los terroristas había quienes habían abrazado las ideas de Marx. Es notable la gran cantidad de lecturas diversas que se hicieron de la obra del filósofo de Tréveris. Entre las más extremas se encuentra la de Vladimir Illich Ulianov, más conocido como Lenin, a quien nos referiremos más adelante.

Para entender los sucesos de 1917 es importante retroceder en el tiempo. En concreto, el 9 de enero de 1905, en plena guerra ruso-japonesa, una multitud se dirige hacia el palacio del zar para pedirle mejoras en lo económico. Los manifestantes fueron con íconos y con retratos del zar, para manifestar su lealtad a Nicolás II. El zar no estaba en el palacio, pero el tío de éste da la orden a la guardia imperial de disparar a la multitud. Se calcula que hubo unos mil muertos en lo que se llamó el "domingo sangriento". La tragedia se fue sabiendo en todo el territorio ruso, y se multiplicaron las revueltas en contra del poder arbitrario del zar. Obreros, campesinos e incluso soldados amotinados manifestaban claramente sobre la necesidad de un cambio en el sistema político. En octubre de 1905 Nicolás II, presionado por el malcontento generalizado, decide crear un parlamento —la Duma—, y otorgar algunos derechos civiles, como la libertad de expresión y la legalización de los partidos políticos. En realidad, poco cambió en el sistema zarista, pues la Duma tenía pocos poderes y sus miembros fueron mayoritariamente nobles o burgueses acomodados.

La entrada de Rusia en la primera Guerra Mundial tendrá efectos decisivos para el futuro de la nación. Las noticias deprimentes que llegaban del frente, la difícil situación económica de la mayoría de la población, y la propaganda revolucionaria de algunos agitadores marxistas que denunciaban el carácter capitalista de la guerra hicieron que muchos soldados se amotinaran y abandonaran el campo de batalla. Las crecientes peticiones de mayores libertades políticas no fueron atendidas por Nicolás II. En febrero de 1917 estallan en San Petersburgo —rebautizada con el nombre más eslavo de Petrogrado— protestas encabezadas por los obreros de la ciudad. Aunque hay intentos de sofocarlas, son cada vez más los soldados que se unen a los manifestantes. El zar da la orden de reprimir toda manifestación y se niega a realizar ninguna reforma política. Los generales optan por no acatar las órdenes del zar. Nicolás II, privado de todo apoyo, decide abdicar.

Con la desaparición política del zar se produce un vacío de poder. La única instancia posible para formar un gobierno residía en la Duma. Este parlamento carecía de legitimidad popular. Algunos de sus miembros deciden formar un gobierno provisional, y convocar elecciones para un congreso constituyente. Los obreros y los soldados, por su parte, e independientemente del gobierno provisional, eligieron los delegados para sus propios órganos representativos: fueron los llamados soviets. Tenemos así, a partir de febrero y hasta octubre, un régimen dual, en el que el poder real residía cada vez más en los soviets y cada vez menos en un débil gobierno que, para muchos, ya no representaba a nadie.

Los obreros reclamaban la autogestión de las fábricas, y los campesinos la redistribución de la tierra. Por su parte, los soldados y la mayoría del pueblo ruso exigían el final de la guerra. El gobierno provisional negó estas reclamaciones, y se fue aislando, dejando la iniciativa a los soviets. Las campañas militares de estos meses fueron un desastre, y exacerbaron los ánimos.

En abril llega Lenin a Petrogrado, desde su exilio en Suiza. Lidera a los bolcheviques —uno de los grupos socialistas representados en los soviets—, que prometen cumplir con las exigencias de obreros, soldados y campesinos. Lenin propone la eliminación del gobierno provisional, bajo el lema "¡Todo el poder a los soviets!". Otro slogan de los bolcheviques fue "Paz, Tierra y Pan".

¿Quién era Lenin? Había nacido en Simbirsk, en 1870, y militó desde su juventud en la izquierda política revolucionaria. Influyó mucho el hecho de que su hermano Alexandrej fuera fusilado por el ejército del zar en mayo de 1887, al estar implicado en un atentado contra Alejandro III. Durante sus estudios universitarios fue arrestado y exiliado durante tres años en Siberia. Pasó muchos años en el exilio, y se convirtió en uno de los principales teóricos del marxismo. Las principales ideas de Lenin se encuentran en dos de sus obras, *El imperialismo, estadio supremo del capitalismo* (1916), y *El Estado y la Revolución* (1917). Lenin realizó la primera gran adaptación del marxismo, especialmente en relación con Rusia. En concreto, presenta tres conceptos que no habían sido tratados ampliamente en el pensamiento marxista: el imperialismo, el papel del partido comunista y el Estado proletario.

Según Lenin, la profecía marxista de la desaparición del capitalismo por obra de la proletarización de la entera sociedad será una realidad, pero antes de que esto suceda habrá una última fase del capitalismo: el imperialismo. Lenin considera que esta última fase será internacional, donde las potencias capitalistas de Occidente se unirán para encontrar nuevos mercados en los países colonizados. La lucha de clases se convertirá en una guerra internacional entre los países burgueses, capitalistas y opresores contra los países colonizados. Así, se abría la puerta para un entendimiento entre ideología marxista universalista y movimientos de liberación nacional que se harán realidad en el proceso de descolonización del siglo xx.

El segundo concepto se refiere al papel del Partido Comunista. Teóricamente, y siguiendo a Marx literalmente, bastaba un análisis atento de las relaciones de producción para guiar la revolución, que habría surgido casi espontáneamente. Algunos marxistas (Plekhanov, Rosa Luxemburg, Kautski) criticaron ásperamente la posición de Lenin, quien consideraba que la determinación voluntaria y la organización quasi militar del partido podían sustituir la falta de concientización de las masas proletarias o la no completa madurez de la situación social. El partido, para Lenin, es la vanguardia del proletariado, su conciencia, que ocupa el puesto que las masas tendrían que ocupar según los primeros. El Partido Comunista Soviético estará fuertemente centralizado, sin oposiciones internas y con una estructura jerarquizada.

El tercer elemento es el de la teoría de la dictadura del proletariado. El partido debe apropiarse del Estado, para destruir las relaciones de dominio y ponerlo al servicio del proletariado. Hay que suprimir las alienaciones, a través de la colectivización, la lucha contra la religión y los modos de pensar burgueses, y después instaurar una especie de democracia directa que habría impedido el riesgo de la burocratización propia del Estado burgués. Pero esta segunda función de la dictadura del proletariado jamás se hizo realidad.

Volvamos a la revolución. En el estado de

confusión generalizada de la Rusia después de la revolución de febrero, el general Lavr Kornílov intentó dar un golpe de Estado. Pero tanto los trabajadores ferroviarios que debían transportar las tropas, como los mismos soldados deciden boicotear la intentona. Los bolcheviques fueron clave para que el golpe no tuviera lugar, y se hicieron cada vez más populares. En el soviet de Petrogrado obtienen la mayoría y nombran presidente a León Trotski. En octubre, los soldados apoyan mayoritariamente a los bolcheviques. Lenin intuye que había llegado el momento de derrocar al gobierno provisional. En la noche del 24 de octubre, la víspera del Segundo Congreso de los Soviets, que reunía representantes de todo el país, la Guardia Roja —grupo paramilitar de los bolcheviques— toma los puntos principales de Petrogrado. Al día siguiente, la Guardia Roja asalta el Palacio de Invierno, sede del gobierno provisional, y pone fin a su débil mandato.

El 26 de octubre, en el Congreso de los Soviets, Lenin anunció que había llegado el momento de instituir un orden socialista. En realidad, nadie sabía exactamente en qué consistía el nuevo orden, pues Marx había sido muy parco en dar indicaciones sobre la sociedad que surgiría después de la revolución. Los socialistas moderados, presentes en el Congreso, consideraron que la revolución había sido en realidad un golpe de Estado bolchevique. Lenin no estaba dispuesto a compartir el poder con otras fuerzas políticas. En las elecciones para la asamblea constituyente, los bolcheviques quedaron segundos, después del Partido Socialrevolucionario de Izquierda. Lenin, después de la primera sesión de la asamblea, decidió disolverla, rodeó el edificio donde tenían lugar las sesiones, desconoció su legalidad y retuvo el poder para los bolcheviques. Se iniciaba un régimen de partido único, acorde con sus ideas pergeñadas antes de la revolución. Los métodos para captar el poder no presagiaban nada bueno para aquellos que soñaban con una democracia liberal. El desconocimiento de la asamblea constituyente por parte de los bolcheviques daría origen a la guerra civil.

El gobierno de Lenin será el que firmará el humillante tratado de Brest-Litovsk con las potencias centrales, por el que se ponía fin a la guerra. Rusia cedía un inmenso territorio a Alemania, aunque, como hemos visto, dicho tratado tendría una vigencia limitada en el tiempo.

Las fuerzas políticas, sociales y militares opuestas al bolchevismo —que iban desde los zaristas a los liberales pasando por los socialistas no bolcheviques— muy pronto presentaron batalla a Lenin y a sus secuaces. Rusia, exhausta por la Gran Guerra, se embarca en una guerra civil que ve enfrentados el Ejército Blanco —apoyado por numerosas tropas internacionales— al Ejército Rojo. Este último estaba formado por voluntarios y se pretendía que sus oficiales fueran elegidos democráticamente. Poco a poco se vio la necesidad de tener unas fuerzas armadas más profesionales y jerarquizadas. El gran organizador del Ejército Rojo, que triunfó en 1922 sobre el Blanco. Fue León Trotski. La guerra dejó un saldo estremecedor de víctimas: 7 millones de rusos yacían en el vasto territorio del antiguo imperio del zar.

La guerra civil implicó una presencia del Estado bolchevique en todos los ámbitos de la vida social. Se creó la Checa —predecesora del KGB—, que persiguió a todo tipo de disidencia, se creó una red de campos de concentración, se requisó violentamente los cereales para dar de comer a una población cada vez más al borde de la resistencia física, se exterminó a los cosacos, etc. Muchas de estas medidas habían sido ya tomadas en tiempos del zar para hacer frente a las necesidades de la población y mantener el orden durante la primera Guerra Mundial. Lenin las mantuvo y las aumentó, aún después del fin de la guerra civil.

Después del enfrentamiento había que organizar la economía maltrecha de Rusia, que además había sido castigada por años de sequía que provocaron hambrunas en los primeros años del siglo xx. Se pone en marcha el NPE, o nueva política económica, que durará hasta 1928. Lenin debe abandonar la ortodoxia marxista y deja espacio a la iniciativa privada tanto en la industria como en la agricultura. Son los años de un cierto crecimiento económico, que no impidió que siguieran las políticas totalitarias de persecución de los que no pensaran como los bolcheviques. Como el nombre de "bolchevique" estaba asociado a los obreros, se decidió cambiarlo por el de "comunista", que podía incluir a los campesinos y a otros grupos sociales.

A finales de 1922 se crea la Unión de Repúblicas Socialistas Soviéticas: el territorio se divide en repúblicas, todas gobernadas por los comunistas, con muy poca autonomía en lo político y económico, y un poco más en lo cultural. Las primeras repúblicas fueron Rusia —a su vez dividida en repúblicas que formaban una federación—, Bielorrusia, Ucrania y Transcaucasia (las actuales repúblicas de Armenia, Georgia y Azerbaiyán). Con el pasar de los años llegarán a ser 15.

Lenin muere en 1924. Su cuerpo fue embalsamado y colocado en un mausoleo en la Plaza Roja de

Moscú, nueva capital de Rusia que reemplazaba a Petrogrado. El Partido Comunista canonizó laicamente su figura, y su efigie fue colocada en todos los rincones de Rusia. La antigua capital tomó el nombre de Leningrado. Faltaban todavía unos años para que un sucesor suyo fuera glorificado en vida: Josef Stalin.[18]

* * *

Stefan Zweig inicia su autobiografía describiendo concisamente el mundo precedente a la primera Guerra Mundial: "Fue la edad de oro de la seguridad". Después,

> todos los caballos del Apocalipsis han hecho irrupción en mi vida, carestías y revueltas, inflación y terror, epidemias y emigración; he visto crecer y difundirse bajo mis ojos las grandes ideologías de las masas, el bolchevismo en Rusia, el fascismo en Italia, el nacionalsocialismo en Alemania y, sobre todo, la peor de las pestes, el nacionalismo que ha envenenado a la flor de la cultura europea. Inerme e impotente, he debido ser testigo de la inconcebible recaída de la humanidad en una barbarie que se consideraba olvidada desde hacía tiempo y que resurgía, en cambio, con su potente y programático dogma de la anti-humanidad.[19]

El panorama de la inmediata posguerra era diametralmente opuesto al del optimismo de

---

[18]   Sobre Lenin *cfr*. H. Carrère D'Encausse, *Lenin*, Milán, TEA, 2003.

[19]   S. Zweig, *Il mondo di ieri*, Milán, Mondadori, 1946, p. 12. Sobre las consecuencias económicas de la primera Guerra Mundial, *cfr*. J. Roth, *Primavera de café. Un libro de lecturas vienesas*, Barcelona, Acantilado, 2010.

principios de siglo. El mito ilustrado del progreso continuo se hace añicos en las trincheras y en las ciudades destruidas. Se toma conciencia de la crisis de la cultura de la Modernidad. Se va difundiendo un vago relativismo, que poco a poco se irá convirtiendo en la ideología dominante de Occidente; los roles sociales de las mujeres se transforman rápidamente —también por las funciones inusuales que desempeñaron en la guerra—, así como las modas y las diversiones: la tragedia bélica es seguida en algunos ámbitos de las sociedades occidentales por los *crazy years*, los años veinte, cuya frivolidad pretendía fungir como válvula de escape para olvidar los dolores de la guerra.

* * *

Pocas semanas después del inicio de la primera Guerra Mundial, subía al trono de Pedro el cardenal genovés, Giacomo Della Chiesa, que deberá llevar el timón de la Iglesia en estas circunstancias trágicas de cambio de época.[20]

---

[20] Para el encuadre histórico hemos seguido en parte a O. Díaz Hernández, *Historia de los papas en el siglo XX*, Barcelona, Base, 2017.

Capítulo III

Benedicto XV y la
primera Guerra Mundial

Habiendo sido el cardenal más joven en ese momento, Giacomo Della Chiesa es elegido papa el 3 de septiembre de 1914, en el cónclave convocado después de la muerte de Pío X, en la décima votación. Le faltaban dos meses para cumplir 60 años. Della Chiesa toma el nombre de Benedicto XV, entrando en relación así con Benedicto XIV (1740-1758), antiguo arzobispo de Bolonia, pontífice jurista y buen administrador, quizá el Papa más importante del siglo XVIII. Parece, sin embargo, que la elección del nombre se debió sobre todo a su devoción por san Benito de Nursia. Su coronación fue en tono menor, en la Capilla Sixtina, teniendo en cuenta la situación internacional.

En la elección de Della Chiesa pudo haber pesado su experiencia pastoral, que podía aportar serenidad en el interior de una Iglesia todavía sacudida por la polémica sobre el modernismo, y por el hecho de ser un candidato neutral con respecto a las potencias europeas en guerra. Otros cardenales habían sido nuncios en distintas capitales del viejo continente, o tenían inclinaciones más claras para una de las partes en conflicto, ya sea por sus nacionalidades o por sus ideas políticas.[1]

¿Cómo era Benedicto XV? La apariencia exterior no le ayudaba demasiado: bajo de estatura, un poco cojo y cargado de hombros, en la Secretaría de Estado le ponían el mote de *il piccoletto* (el pequeñito). Sin embargo, después de tratarle personalmente, todo el mundo se quedaba impresionado por su personalidad. monseñor Braudillart, figura destacada de la Iglesia en Francia, así lo describía:

> La primera vez que lo vi, me impresionó una cierta distinción innata que le caracterizaba, así como sus modales elegantes y la vivacidad de su inteligencia. Pequeño, muy despierto y extremadamente laborioso —le bastaban seis horas de sueño— estaba dotado de una memoria prodigiosa que le permitía reconocer invariablemente a personas que había encontrado tan solo una vez. Todavía estoy viendo el destello de su mirada inquisitiva tras la montura dorada de sus anteojos y la brillante negrura de su cabello, que le hacía parecer muy joven.[2]

De carácter meticuloso, a veces se impacientaba con sus colaboradores, pero dotado de un gran autodominio, inmediatamente pedía perdón. Era un

---

[1] *Cfr.* A. Monticone, "Il Pontificato di Benedetto XV", en *Storia dei Papi*, M. Greschat y E. Guerriero, Cinisello *Balsamo*, San Paolo, 1994, pp. 714-715. Sobre el cónclave *cfr.* J. E. Schenk Sanchis-V. Cárcel Ortí, *Benedicto XV, papa de la paz*, Valencia, EDICEP, 2005, pp. 54-59.

[2] Citado en P. Zaldívar Miquelarena, *Benedicto XV...*, p. 125.

hombre de profunda vida interior, devoto en particular de la Eucaristía, del Sagrado Corazón y de la Virgen. Durante la guerra decidió añadir a las letanías lauretanas la invocación *Regina pacis*. Desde joven pertenecía a distintas cofradías y a la tercera orden franciscana.

Benedicto XV ha sido identificado frecuentemente con el papa de la primera Guerra Mundial.[3] Y en verdad, gran parte de su pontificado se desarrolla durante la guerra, que había estallado algunas semanas antes de su elección. Al día siguiente de su coronación, el 7 de agosto, se dirigía a los católicos del mundo, con estas palabras:

> Tan pronto como desde esta sede apostólica hemos echado una mirada sobre el rebaño confiado a nuestro cuidado, hemos sido sacudidos por el horror y la angustia inefables a causa del espectáculo monstruoso en que, gran parte de Europa, se encuentra devastada por la guerra de fuego y metralla, esparciendo sangre cristiana.

Después de recordar su deber como Buen Pastor de abrazar a sus hijos, por encima de toda distinción y de manifestar que no perderá ninguna ocasión para ayudar a poner fin a la calamidad de la guerra, anima a elevar "suplicantes hacia Dios nuestros ojos y nuestras manos en oración".[4]

---

[3] Sobre el papel de Benedicto XV en la primera Guerra Mundial hay una rica bibliografía. *Cfr.* G. Rumi (ed.), *Benedetto XV e la pace-1918*, Brescia, Morcelliana, 1990.

[4] *AAS* VI (1914), pp. 501-502.

Los llamados a la paz

El Papa ligur trató de permanecer por encima de las potencias en guerra, e hizo numerosas propuestas de paz además de los continuos llamados a la conciencia de los gobernantes, algunos de ellos en tono apocalíptico, como el que acabamos de citar. Después, propondrá infructuosamente establecer una tregua para la Navidad de 1914. En enero de 1915 protesta contra la invasión alemana de Bélgica. El 28 de julio de aquel año, primer aniversario del comienzo de la guerra, anima públicamente a entablar negociaciones de paz. En esta ocasión, Benedicto XV sostiene que "las naciones no mueren": si no se respetan sus legítimos derechos y sus justas aspiraciones, los odios y los rencores se transmiten de generación en generación. El Papa exhorta al diálogo, a tratar, a buscar puntos de coincidencia que pongan fin a la lucha.[5] La iniciativa pontificia, llena de buena voluntad, fue lamentablemente mal entendida por los aliados. Mucha prensa francesa e italiana acusó al Papa de no distinguir entre el agresor y la víctima, y de querer aprovechar la posición militar ventajosa de las potencias centrales para pedir en ese momento la paz. No obstante estos malentendidos, Benedicto XV siguió en su empeño en buscar el diálogo, por ejemplo, con las exhortaciones de diciembre de ese año.[6]

La iniciativa más conocida en el ámbito de la acción diplomática del Papa para favorecer la paz es

---

[5] Cfr. *Acta Apostolicae Sedis* (en adelante *AAS7*) (1915), p. 365 y ss. Las traducciones al español fueron tomadas de *Colección de Encíclicas y Documentos Pontificios (Concilio Vaticano II)*, (trad. e índices) Mons. Pascual Galindo, Madrid, Acción Católica Española, 1967.

[6] Cfr. *AAS* 7 (1915), p. 509.

la Nota del 1 de agosto de 1917. En ella, después de una breve introducción en la que manifestaba su amor por todos, sin distinción de nación, raza o religión, y queriendo permanecer en una "imparcialidad absoluta", hacía propuestas concretas: desarme, arbitraje y sanciones, libre navegación de los mares, restitución de los territorios invadidos, negociaciones por los territorios en disputa (en particular, entre Francia y Alemania, y entre Italia y Austria), examen sereno del problema balcánico, armenio y polaco.[7] El Papa terminaba la Nota definiendo la guerra como una "masacre inútil", y esperaba que los gobiernos siguiesen su invitación, realizada en nombre del Príncipe de la Paz.[8] Si bien la Nota fue rechazada tanto por los países aliados (que ni siquiera respondieron), como por los imperios centrales, su contenido será nuevamente propuesto, con algunas diferencias, en los famosos 14 puntos del presidente Wilson.[9]

El fracaso de esta iniciativa papal debe ser relacionado con el así llamado "Pacto de Londres", firmado en 1915 entre los aliados e Italia. Después de un periodo de neutralidad, Italia decidió entrar en la guerra contra los imperios centrales, sobre todo a causa de las disputas territoriales que sostenía con Austria. En el artículo 15 del Pacto, los aliados, presionados por Italia, se comprometían a excluir a la Santa Sede de la conferencia de paz que se debería convocar al final de la guerra. Italia deseaba impedir que se reabriese la *cuestión romana*. El Pacto permaneció secreto hasta

---

7   *Cfr*. S. Sierpowski, "Benedetto XV e la questione polacca", en G. Rumi (ed.), *Benedetto XV e la pace*, pp. 213-232.

8   *Cfr. AAS* 9 (1917), p. 428 y ss.

9   Sobre las reacciones a la Nota del 1 de agosto de 1917, *cfr.* J.E. Schenk Sanchis y V. Cárcel Ortí, *Benedicto XV, Papa de la paz*, pp. 159-178.

la Revolución rusa, cuando el gobierno comunista lo publicó, con el contenido del artículo 15. A pesar del "Pacto de Londres", la Santa Sede logró alcanzar algunos resultados en las conferencias de paz de Versalles: las misiones católicas de las colonias alemanas, que pasaban a la soberanía anglo-francesa, fueron puestas bajo la protección de la Santa Sede, y en algunos casos se frenó la deportación de los misioneros católicos alemanes.[10]

La "imparcialidad absoluta" de Benedicto XV no fue bien recibida por las potencias beligerantes. La opinión pública francesa —y la de los católicos en particular— no concebían que el Papa no se pusiera a su lado. Había un sentimiento nacionalista exacerbado, también por parte de la jerarquía, que hizo muy difícil la comprensión de la postura del romano pontífice, lleno de caridad y de deseos de llegar a una paz razonable cuanto antes. Por ejemplo, el teólogo dominico Sertillanges, muy conocido en medios académicos, pronunció un sermón en la iglesia de la Madeleine, en París, en el que se dirigía retóricamente al Papa: "¡Santidad, no podemos escuchar vuestras palabras de paz!". El sermón fue impreso con el *nihil obstat* del arzobispado de París.[11] En Alemania se afirmó que "el Papa se halla muy lejos y está demasiado alto para llegar a comprender la necesidad que el imperio alemán

---

[10]   Para el Pacto de Londres y sus consecuencias en las relaciones entre la Santa Sede e Italia, *cfr. ibidem*, pp. 116-128. *Cfr.* también E. Serra, "La nota del primo agosto 1917 e il governo italiano: qualche osservazione", en G. Rumi, (a cura di), *Benedetto XV e la pace, op. cit.*, pp. 49-64; V. De Marco, "L'intervento della Santa Sede a Versailles in favore delle missioni tedesche", en *ibidem*, pp. 65-82; M. De Leonardis, "Le relazioni anglo-vaticane durante la prima guerra mondiale: l'imparzialità di Benedetto XV e la sua nota dell'agosto 1917", pp. 171-212.

[11]   A. D. Sertillanges, *La paix française*, París, Bloud et Gay, 1917.

tiene de liberar a Europa del despotismo inglés"[12]. Algo similar sucedía en el imperio austrohúngaro, considerado el bastión del catolicismo en centroeuropa. Bien es verdad que su emperador, Carlos, compartía la visión del Papa, pero poco podía hacer obligado como estaba por pactos con el imperio alemán. Las relaciones personales entre Carlos y Benedicto eran óptimas1[13] —Carlos será beatificado por san Juan Pablo II en 2004—, pero dicha relación no inclinó el corazón del Papa a favor de los imperios centrales. En Italia, sus continuos llamados a la paz fueron interpretados por los gobiernos liberales como una actitud antipatriótica y derrotista. Poco después, algunos atribuirán la derrota de Caporetto a la actitud pacifista del Papa. Además, consideraron que detrás de la propuesta de paz del 1 de agosto estaban los imperios centrales.[14]

La Santa Sede daba particular importancia a la posición del gobierno de los Estados Unidos. No ignoraban que la potencia más fuerte era —y lo sería aún más en el futuro— la república americana. El presidente Wilson no tenía un particular aprecio por los católicos, aunque procuró acercamientos durante las campañas electorales. Antes de la nota de agosto de 1917 la diplomacia vaticana había entrado en contacto con la estadounidense para acordar propuestas de paz, o para comunicar que la Santa Sede había protestado ante Alemania por los hundimientos de barcos neutrales o con pasajeros americanos. Las respuestas estadounidenses fueron cordiales en las formas, pero

---

[12] Citado por F. Vitalli, *Benedetto XV*, Roma, 1928, p. 235.

[13] *Cfr.* G. Rumi, "Corrispondenza fra Benedetto XV e Carlo I d'Asburgo", en G. Rumi, *Benedetto XV e la pace*, pp. 19-48.

[14] *Cfr.* E. Serra, *La nota del primo agosto 1917 e il governo italiano: qualche osservazione*, en *ibidem*, pp. 49-64.

las iniciativas vaticanas no fueron tenidas demasiado en cuenta. Wilson quería tener un protagonismo exclusivo en las propuestas de paz, y consideraba que las intervenciones del Papa eran habitualmente injerencias indebidas en las relaciones entre las potencias. Respecto de la nota de 1 de agosto, Wilson responde agradeciendo la iniciativa, pero negando la posibilidad de poner en práctica las propuestas de Benedicto, pues no tenía ninguna confianza en el gobierno alemán, que sería incapaz de cumplir acuerdos internacionales. Las expectativas del Papa con respecto a los Estados Unidos se vieron defraudadas por la actitud distante de Wilson, a pesar de que, como dijimos, su programa de los 14 puntos difería en muy poco de la propuesta papal.[15] En 1919, Wilson visitó Roma y tuvo un encuentro cordial con Benedicto XV.

Con respecto a Rusia, en la nota no se hacía referencia explícita a ella, aunque al hablar de Polonia y al hecho de que había que resolver los problemas territoriales en Europa de una manera justa y equitativa, implícitamente estaba aludida. Los acontecimientos de 1917, y en particular la revolución liberal de febrero, despertó una cierta esperanza en la santa sede. Los Romanov habían llevado a cabo una política anticatólica, con muchas limitaciones para la escasa jerarquía presente en su inmenso territorio, y con la asimilación de los uniatas o iglesias católicas de rito oriental a los ortodoxos. En un primer momento, el gobierno de Kerenski se mostró muy abierto en materia religiosa, pero el caos que sobrevino después, hasta llegar a la Revolución de octubre y al gobierno de los soviets impidió dar más pasos en este sentido.

---

[15] *Cfr.* L. Bruti Liberati, "Santa Sede e Stati Uniti negli anni della grande guerra", en *ibidem*, pp. 129-150.

El gobierno de Lenin emprendió una lucha sistemática contra toda manifestación religiosa, sobre todo contra los ortodoxos. Aunque la constitución de 1918 garantizaba la libertad religiosa, y se establecía la separación entre la Iglesia y el Estado, todo esto quedó en mera propaganda para el exterior y en letra muerta para el interior. Además, por dos decretos de ese mismo año se ponían serios límites a las instituciones religiosas, que perdían su personalidad jurídica y la capacidad de poseer bienes. Con ocasión de la hambruna desatada en Rusia tras la guerra civil, en un documento calificado de "muy secreto" y que dirige Lenin a Molotov el 19 de marzo de 1922 —pocos días después de la muerte de Benedicto XV—, pueden leerse estas palabras:

> Para nosotros, este es el momento en el que tenemos el 99% de posibilidades de destruir al enemigo [la Iglesia] y asegurarnos una posición indispensable para las décadas siguientes. Es precisamente ahora, y solamente ahora, cuando en las regiones hambrientas la gente se alimenta de carne humana y centenares —por no decir miles— de cadáveres se pudren en las carreteras, es ahora cuando podemos —y debemos— llevar a cabo la confiscación de los tesoros de la Iglesia con la violencia más salvaje e implacable. Debemos, pase lo que pase, confiscar los bienes de la Iglesia lo más rápidamente posible y de un modo decisivo, para asegurarnos un fondo de varios cientos de millones de rublos en oro. Sin este fondo, resulta inconcebible ninguna labor del gobierno en general, ningún esfuerzo económico en particular.

El documento prevé también "la ejecución del mayor número posible de representantes del clero reaccionario y de la burguesía reaccionaria... Cuanto mayor sea el número de ejecuciones, mejor". De hecho, en 1922 fueron fusilados 8 mil miembros del clero, los templos fueron saqueados, los obispos enviados a campos de concentración, y el patriarca Tichon recluido en arresto domiciliario.[16]

La correspondencia entre la Santa Sede y Lenin y su ministro de exteriores Cicerin no dieron ningún resultado. El cardenal Gasparri escribió a las autoridades rusas, rogándoles que acabara la persecución contra los ortodoxos, a petición del metropolita de Omsk, Silvestre, quien había escrito a Benedicto describiendo la situación trágica de la jerarquía y de los fieles en su territorio. Responde Cicerin mediante un telegrama, en el que recuerda que hay separación entre Iglesia y Estado, denuncia las actividades antirrevolucionarias de muchos miembros de la Iglesia ortodoxa, y acusa al Vaticano de no haberse puesto a favor de las masas proletarias oprimidas por el régimen zarista.[17]

La acción humanitaria

A pesar del fracaso de sus propuestas de paz, Benedicto XV desenvolvió un papel humanitario muy importante, que fue reconocido por la opinión pública mundial.

---

16 *Cfr.* H. Carrère D'Encausse, *Lenin, op. cit.*, pp. 405-406.

17 *Cfr.* R. Morozzo Della Rocca, "Santa Sede e Russia rivoluzionaria", en *ibidem*, pp. 151-170. *Cfr.* también S. Trassati, *La croce e la stella. La chiesa e i regimi comunisti in Europa dal 1917 a oggi*, Milán, Mondadori, 1993, pp. 9-30.

A través de las propuestas humanitarias, la Sede Apostólica se convirtió de hecho en mediadora diplomática entre las potencias en guerra. Las naciones no trataban con los gobiernos del bloque contrario tampoco por asuntos humanitarios; por este motivo la Santa Sede intervenía para que dialogaran a través de ella. Era el papel que también desempeñaron algunos países neutrales, especialmente el gobierno suizo unido al Comité Internacional de la Cruz Roja. Un trabajo mutuamente apoyado a nivel diplomático permitió conseguir la adhesión de las potencias beligerantes a las propuestas de intercambio de prisioneros inválidos, de liberación de civiles, de hospitalización de prisioneros hábiles y de repatriación de padres de familia que llevaban más de 18 meses de cautiverio.[18]

En diciembre de 1914 el Papa se puso en contacto con los jefes de Estado de los países beligerantes para que se permitiera el intercambio de los heridos inválidos, con bastante éxito. Todos los gobiernos respondieron personalmente al santo padre.

Desde el principio de la guerra dio indicaciones para que en todas las diócesis donde hubiera campos de concentración, no faltara la asistencia espiritual y caritativa. Obispos, nuncios y simples sacerdotes visitaron a los prisioneros de todas las naciones en guerra, llevando ayudas materiales en nombre del Papa, y sobre todo consuelo espiritual. A su vez, el Papa animó a los fieles católicos a ser generosos con la ayuda económica: el dinero que llegó a la Santa

---

[18] M. E. Ossandón, *Una aproximación a la acción humanitaria de la Santa Sede durante la primera Guerra Mundial, a partir de fuentes publicadas,* en *Annales Theologici,* vol. 23, núm. 2 (2009), pp. 325-326.

Sede por medio del Óbolo de san Pedro fue repartido en las zonas de guerra teniendo en cuentas las urgencias de cada territorio.

Asimismo, se creó un "servicio de información sobre prisioneros de guerra" que realizó una labor ingente: desde la oficina vaticana, en la que trabajaban aproximadamente 200 personas, se tramitaron 600 mil pedidos de información, 40 mil peticiones de repatriación de prisioneros enfermos, y se enviaron 50 mil cartas entre las familias y los prisioneros de guerra. El Papa animó a que se crearan oficinas de información de este tipo en muchas diócesis europeas.

> También se ocupó el Papa de la suerte de numerosos soldados prisioneros que habían contraído tuberculosis por la larga permanencia en la humedad de las trincheras, y pidió que fueran liberados sin ninguna condición de intercambios y transferidos a lugares secos y montañosos. Los enfermos eran trasladados en un tren hospital, llamados por la gente de la región "el tren del Papa". Gracias a los esfuerzos de Benedicto, 12 376 franceses, 8 594 alemanes, 1 822 belgas y 964 prisioneros ingleses enfermos de tuberculosis se beneficiaron de esa medida entre enero de 1916 y noviembre de 1917.[19]

> Benedicto XV siguió muy de cerca la tragedia de los armenios y de los cristianos que habitaban en el imperio otomano. El delegado apostólico en Estambul, monseñor Luigi Dolci, enviaba información urgente a Roma sobre las masacres y deportaciones que estaban teniendo lugar en el

---

[19] P. Zaldívar Miquelarena, *Benedicto XV…*, *op. cit.*, p. 134.

imperio otomano contra los armenios de todas las confesiones cristianas. También llegaban informaciones por otras vías menos oficiales. El secretario de Estado, cardenal Gasparri, aprobó las valientes gestiones en favor de las víctimas armenias que Dolci procuró realizar, al mismo tiempo que informaba al santo padre. La línea que la santa sede decidió adoptar en ese momento fue la de condenar abiertamente las masacres y deportaciones de cristianos inocentes, sin hacer distinción entre católicos, ortodoxos y protestantes. En septiembre de ese año, el Papa, aceptando la invitación de muchos católicos orientales, envió una carta al sultán Muhammad V, en la que le pedía que "tuviera piedad e interviniera en favor de un pueblo, que por la propia religión que profesa, se ve impulsado a mantener una fiel sujeción a la persona de Vuestra Majestad", y también que distinguiera entre los armenios "traidores o culpables de otros delitos", para que puedan ser "juzgados y castigados", y los "inocentes", para que "Su Majestad no permita que los inocentes sean abrumados en su castigo y que Su Soberana clemencia descienda también sobre los engañados". La noticia de la intervención papal tuvo gran resonancia en la prensa europea y dio lugar a una cierta consideración del gobierno en el tratamiento de los asuntos relativos a los católicos [...]. En el consistorio del 6 de diciembre de 1915, Benedicto XV denunció ante el mundo civilizado "la extrema ruina" que había sufrido el pueblo armenio. La suya fue una de las pocas voces que se alzaron en aquella época en defensa del "pueblo armenio gravemente afligido y llevado al umbral de la aniquilación".[20]

La Santa Sede también realizó fuertes intervenciones frente al gobierno otomano para evitar las persecuciones contra los sirio-católicos y los maronitas en Siria y Líbano. La amenaza de hacer públicas las protestas de la Santa Sede hicieron reflexionar a las autoridades, aunque la persecución no se detuvo completamente, pues la *intellighenzia* otomana, capitaneada por el grupo de los "Jóvenes Turcos", pretendía la desaparición de las minorías religiosas y étnicas del imperio.

En marzo de 1918 Benedicto XV se dirige nuevamente al sultán —esta vez, Rechid V— para invocar clemencia con los pueblos armenios que encontrarían las fuerzas otomanas después del retiro de las tropas rusas. El sultán responde negando que haya armenios en esos territorios, salvo algunos grupos guerrilleros de nacionalistas armenios. La posición de la Santa Sede se endurece: el cardenal Gasparri escribe una nota firme a los presidentes de los consejos de Austria-Hungría, Alemania y Baviera, acusando a las autoridades otomanas de haber llevado a cabo una política de persecución anticristiana. En la nota se enumeraban todas las intervenciones de la Santa Sede en favor de los perseguidos.

La guerra terminaba, y las minorías cristianas del antiguo imperio estaban angustiadas: desaparecieron los armenios de Anatolia; los caldeos, sirio-católicos y maronitas habían perdido muchos fieles,

---

[20] G. Sale, "Il genocidio degli armeni. Una ferita ancora aperta", en G. Sale, *Il Novecento tra genocidi, paure e speranze*, Milán, Jaca Book, 2006, pp. 27-28.

algunos apostataron y pasaron al islam, y todos se encontraban materialmente depauperados. A su vez, la sangre de los mártires daba vigor espiritual a una situación que humanamente hablando se presentaba sin esperanza. Después del desmoronamiento del imperio, los cristianos anhelaban estar bajo la protección de las potencias occidentales, que ofrecían más seguridad que las nuevas autoridades turcas o árabes. La Santa Sede procuró estar junto a estas comunidades, durante y después de la guerra.[21]

Benedicto también manifestó una viva preocupación por el futuro de los cristianos en Palestina: temía que la presencia masiva de hebreos y las inversiones económicas de protestantes en la administración británica de la tierra santa fueran en desmedro de los derechos de los católicos y de las otras confesiones cristianas. Los hebreos tenían sus derechos, pero también los tenían los cristianos. Tanto el Papa como el cardenal Gasparri manifestaron una posición contraria respecto de un posible Estado hebreo.[22]

Después de la Gran Guerra, Benedicto XV prosiguió su esfuerzo humanitario, organizando diferentes iniciativas para ir al encuentro de las tremendas necesidades de la población, en particular en Europa central, en Rusia —a pesar de la brutal persecución religiosa— y en el eximperio otomano.[23] Toda-

---

[21]   *Cfr.* A. Riccardi, *Benedetto XV e la crisi della convivenza multireligiosa nell'Impero ottomano*, en G. Rumi (*a cura di*), *Benedetto XV e la pace*, pp. 83-128.

[22]   *Cfr.* J. Pollard, *Il Papa Sconosciuto. Benedetto XV (1914-1922) e la ricerca della pace*, p. 173.

[23]   *Cfr.* A. Riccardi, "Benedetto XV e la crisi della convivenza multireligiosa dell'Impero ottomano", en G. Rumi (ed.), *Benedetto XV e la pace*, E. Bressan, "L'Osservatore Romano e le relazioni internazionali della Santa Sede (1917-1922)", *ibidem*, pp. 233-253.

vía hoy se puede ver en Estambul, frente a la catedral católica, un monumento erigido en homenaje al Papa genovés. En su base se lee: "Al gran Papa de la tragedia mundial, Benedicto XV, benefactor de los pueblos sin distinción de nacionalidad o religión, el Oriente agradecido, 1914-1919".

La Santa Sede y la comunidad internacional

Aunque fue acusado por algunos franceses de filogermanismo (*le pape boche*), y por algunos sectores alemanes de ser "el Papa francés",[24] el sumo pontífice logró hacer sentir su voz en el ámbito internacional, y la Santa Sede salió del conflicto con una autoridad moral que nadie podía ignorar, reforzando su presencia en el mundo contemporáneo. Viendo los resultados de la diplomacia vaticana, no podemos sino esbozar una sonrisa ante la afirmación de un funcionario del Foreign Office. Según John Duncan Gregory, Benedicto XV "es una mediocridad absoluta. Tiene la mentalidad de un pequeño funcionario, la inexperiencia de un italiano provinciano que casi no ha viajado y un método tortuoso de conducir los negocios que deriva de años de trabajo de oficina en una diplomacia de quinto orden".[25]

---

[24] *Cfr.* N.-J. Chaline (ed.), *Chrétiens dans la première guerre modiale*, París, Cerf, 1993. En particular, *vid.* J.-M. Mayeur, "Les catholiques français et Benoît XV en 1917", pp. 153-165. *Cfr.* también A. Monticone, "Benedetto XV e la Germania", en G. Rumi (ed.), *Benedetto XV e la pace*, pp. 9-18.

[25] Citado en M. de Leonardis, "Le relazioni anglo-vaticane durante la prima guerra mondiale: l'imparzialità di Benedetto XV e la sua nota dell'agosto 1917", *op. cit.*, p. 191.

Las grandes potencias se dieron cuenta de que la voz del romano pontífice, desposeído de su poder temporal, era mucho más fuerte que la del antiguo soberano de los Estados pontificios. Como consecuencia de la línea sostenida durante la guerra, la Santa Sede vio casi duplicarse el número de representaciones diplomáticas ante el Papa, que de 17 pasaron a 27. En este ámbito reviste particular importancia el restablecimiento de relaciones diplomáticas plenas con el Reino Unido y Francia.[26] En el caso de este último país, Benedicto tuvo siempre gestos de cercanía, a pesar del anticlericalismo preponderante en el gobierno. La canonización de Juana de Arco, el 16 de mayo de 1920, fue una gran ocasión para un acercamiento con el gobierno galo, que envió un embajador oficial para dicha ceremonia. Finalmente, el 30 de noviembre de ese año, el parlamento francés dio el voto favorable para restaurar las relaciones diplomáticas de primer nivel con la Santa Sede.

El pontificado de Benedicto XV se ponía así en continuidad con el de León XIII, que quería una Iglesia católica en buenas relaciones con todos los países y jugando un rol importante en la escena internacional. No en vano el maestro diplomático de Della Chiesa fue el cardenal Rampolla, secretario de Estado de León XIII. Después del pontificado de carácter netamente espiritual y de poca apertura al mundo de san Pío X, con Benedicto XV se volvía a escuchar alta la voz de la Santa Sede. El Papa genovés se sirvió de

---

[26] Sobre la situación de las relaciones diplomáticas de la Santa Sede en el inicio del pontificado de Benedicto XV, *cfr*. R. Regoli-P. Valvo, *Tra Pio X e Benedetto XV. La diplomazia pontificia in Europa e America Latina nel 1914*, Roma, Sudium, 2018.

diplomáticos experimentados, como su secretario de Estado Pietro Gasparri, el sustituto de la Secretaría de Estado Bonaventura Cerretti, enviado al Congreso de París y hábil negociador, y su nuncio en Baviera, Eugenio Pacelli, futuro Pío XII. También tuvo su importancia la misión diplomática de Achille Ratti, administrador apostólico y nuncio en Polonia, que con el tiempo será el sucesor de Benedicto XV: Pío XI.

Hitos de su pontificado

Además de su labor incansable por la paz, hay otros elementos importantes de su pontificado, que tendrán consecuencias futuras para la vida de la Iglesia. Antes que nada, hay que señalar la promulgación del Código de derecho canónico (1917). Los trabajos de codificación habían sido iniciados durante el pontificado de Pío X, y fueron llevados a término gracias a las grandes capacidades organizativas y ejecutivas del cardenal Gasparri, secretario de Estado de Benedicto XV, y que ya había sido el jefe del equipo codificador del pontificado precedente.

El Papa genovés dio un fuerte impulso a las misiones. La carta apostólica *Maximum illud* (30-XI-1919), auténtica *carta magna* del movimiento misionero de la primera mitad del siglo xx, abría nuevos horizontes a las actividades apostólicas en el seno de los pueblos paganos. Benedicto XV insistía en la necesidad de formar clero indígena para que la Iglesia pudiera echar raíces duraderas en los países de misión. En el mismo documento, el Papa recordaba a los misioneros el deber de difundir el Evangelio por amor de Dios y de las almas, sin dejarse envolver por intereses mundanos, y en particular evitando la tentación del nacionalismo. El romano pontífice era consciente de la confusión creada por la unión entre el imperialismo europeo y el empeño misionero, y por lo tanto trató de establecer una neta separación entre estos dos ámbitos, subrayando la universalidad de la Iglesia. A su vez, Benedicto subrayaba la necesidad de formarse adecuadamente en la historia, la lengua y las costumbres de cada pueblo. Para eso, impulsaba la profundización en los estudios misioneros en el Pontificio Colegio de Propaganda Fide (hoy Universidad Urbaniana).

Benedicto XV también se interesó por los cristianos separados, y soñaba con el regreso a la unidad de las iglesias orientales. El 25 de febrero de 1916 extendió a la iglesia universal el octavario de oración por la unidad de los cristianos, iniciativa que había comenzado en ambientes evangélicos de los Estados Unidos. A su vez, en 1917 crea una Congregación para la Iglesia Oriental y el Instituto Oriental. Ambas instituciones estaban dirigidas a los católicos de rito oriental. Con ocasión de estas dos fundaciones, Benedicto XV escribía que "la Iglesia no es latina ni griega, ni eslava sino católica; no hace ninguna diferencia entre sus hijos, sean griegos, latinos o eslavos o de cualquier otro grupo nacional: todos tienen el mismo rango ante la sede apostólica".[27]

Hay otros dos elementos que destacar en el pontificado benedictino: el fin del *Non expedit*, que desde los tiempos de Pío IX prohibía la participación activa de los católicos italianos en política, y la suavización de la lucha antimodernista. La primera Guerra

---

[27] *AAS* (1917), p. 530.

Mundial cambió las circunstancias políticas italianas. La Santa Sede permitió la formación del Partito Popolare, fundado por don Luigi Sturzo, de inspiración católica, pero no confesional. El Papa consideraba llegado el momento de una presencia activa de los católicos en política, siempre que se defendiesen los derechos conculcados en la Santa Sede por los Saboya después de la unificación italiana. El Papa tomó distancias del Partito Popolare Italiano, sobre todo cuando se presentó el problema de las alianzas políticas, pero es encomiable la apertura de mente de Benedicto XV para dejar en libertad de acción a los católicos de su patria. A su vez, se delineó con claridad el papel no político de la acción católica, e impulsó por todos los medios la difusión de la doctrina social, en plena sintonía con León XIII. Benedicto observó con creciente preocupación el inicio de la violencia fascista, en una Italia en crisis después de la guerra. Faltaban pocos meses para la marcha de Mussolini sobre Roma.

Por otro lado, en 1919 un representante de la Santa Sede, el ya citado Bonaventura Cerretti, mantuvo conversaciones con el primer ministro italiano Vittorio Emmanuele Orlando en busca de una solución para la cuestión romana. La difícil situación de la Santa Sede durante la guerra, en la que se puso de manifiesto que la independencia del pontífice dependía en última instancia de la buena voluntad del gobierno italiano, hacía más urgente las tratativas para llegar a un acuerdo. Fueron los preliminares de los pactos a los que se llegaría diez años después, el 11 de febrero de 1929, en el siguiente pontificado, que solucionaban el conflicto surgido en 1870.

Si las relaciones entre la Santa Sede e Italia tendían hacia una cierta pacificación, lo mismo se debe decir respecto de la vida interna de la Iglesia. La fortaleza doctrinal de Pío X frente al modernismo provocó un celo exagerado que a veces cometió injusticias. Benedicto XV, que continuó con una política decidida desde el punto de vista doctrinal, trató de moderar el fanatismo de algunos círculos curiales que veía modernismo por todos lados. El Papa, en su encíclica inaugural, hace un llamado al respeto a la legítima diversidad de opiniones teológicas, siempre dentro de los límites del Magisterio. En 1921 disolvió el *Soladitium pianum*, organización secreta sostenida por un grupo integrista de la curia romana, que luchó contra el modernismo no siempre respetando los criterios de justicia y prudencia.

Capítulo IV

La crisis de la sociedad vista
por Benedicto XV

Una vez que hemos presentado la figura y la obra del papa Della Chiesa, podemos ahora preguntarnos por los análisis pontificios referentes a la crisis de la sociedad occidental. La existencia de la crisis era evidente: la guerra estaba allí, destruyendo espiritual y materialmente el continente europeo.

Los escritos de Benedicto XV en los que nos detendremos serán sus principales encíclicas, destacando los textos en los que hace referencia a la crisis de la cultura de la Modernidad: manifestaciones de esa crisis, causas que la provocan y medios que propone para su superación.

Encíclica Ad Beatissimi (1-XI-1914)

En la encíclica inaugural del pontificado, *Ad Beatissimi*, del 1 de noviembre de 1914,[1] escribía: "El primer sentimiento que hemos experimentado, y que con seguridad fue inspirado por la divina bondad, ha sido un increíble amor y aspiración por la salvación de todos los hombres".[2] Benedicto XV como romano pontífice y vicario de Cristo es padre de toda la humanidad y como tal, contemplando el horror de la guerra, apela a la fraternidad real que existe entre los hombres y que debería regular las relaciones entre las personas y los pueblos: "¿Quién diría que tales gentes, armados unos contra otros, desciendan de un mismo padre, que sean todos de la misma naturaleza y parte de una misma sociedad humana? ¿Quién los vería como hermanos, hijos de un único Padre que está en los cielos? ".[3]

La lucha armada y, en positivo, la paz, era el problema más acuciante con que se enfrentaba al inicio de su pontificado. Pero el verdadero problema era más profundo:

> Hay otra guerra que corroe las entrañas de la sociedad actual [...] que ha acumulado y acumulará también para el futuro grandes ruinas para las naciones y que es la verdadera causa de la presente y funesta lucha. En verdad, desde que se han dejado de observar en el ordenamiento estatal las normas y las prácticas de la sabiduría cristiana, que por sí solas garantizan la estabilidad y tranquilidad de

---

[1]   Cfr. *AAS* 6 (1914), pp. 565-581.

[2]   *Ibid.*, p. 565.

[3]   *Ibid.*, p. 566.

las instituciones, los Estados han comenzado necesariamente a vacilar en sus fundamentos y como consecuencia ha surgido un cambio en las ideas y en las costumbres tal que, si Dios no lo remedia pronto, parece inminente el desmoronamiento de la comunidad de los hombres.[4]

El análisis de Benedicto XV le lleva a situar el origen del desorden social en el nuevo fundamento de la sociedad moderna, alejado de los principios cristianos. Cuando la sabiduría cristiana deja de ser el cimiento sólido sobre el que se construye el ordenamiento estatal, se provoca un derrumbamiento que puede significar el fin de la comunidad humana. El tono apocalíptico utilizado por Benedicto XV se entiende muy bien: veía extenderse sin ningún freno una guerra de proporciones nunca imaginadas hasta entonces, en una sociedad a la que faltaban recursos morales. De la construcción de una sociedad que no tiene en cuenta los valores cristianos se sucede una alteración en la *fraternidad* y en la *autoridad* que provocan la *lucha de clases*; y la causa está en la *codicia* de bienes materiales.

Detengámonos en cada uno de los factores, tal como hace el pontífice en su encíclica. En primer lugar, en el amor mutuo entre los hombres, la *fraternidad*.

Nunca se habló más que hoy de humana *fraternidad*: es más, olvidando las palabras del Evangelio, y la obra de Cristo y de su Iglesia, se pretende que este celo de *fraternidad* sea uno de los valores más preciosos engendrados por la civilización

---

[4]   *AAS* 6 (1914), p. 567.

moderna. Pero la realidad es esta: entre los hombres nunca ha estado menos presente la *fraternidad* que en nuestros días. Los odios de raza[5] se han llevado al paroxismo; los pueblos están más divididos por los rencores que por las fronteras: dentro de una misma nación y de los muros de una misma ciudad arden de envidia las clases sociales; y entre los individuos todo se regula con el egoísmo, convertido en ley suprema.[6]

El segundo factor analizado por Benedicto XV es el desprecio de la autoridad, que ha comenzado por las esferas más altas de la sociedad: el poder humano se ha emancipado de su Creador y ha perdido toda consistencia.

Benedicto XV ve que hay un desorden progresivo desde la raíz: una sociedad mal fundada hace surgir grandes defectos a todos los niveles, que desde el Estado se extiende hasta las células más básicas de la sociedad y a los individuos.

Un desenfrenado espíritu de independencia, unido al orgullo, se ha infiltrado poco a poco por todas partes, afectando también a la familia, donde el poder clarísimamente brota de la misma naturaleza; y, lo que es aún más lamentable, no se ha detenido en el umbral del santuario. De aquí el desprecio de las leyes, de aquí la insubordinación de las masas, de aquí la petulante crítica de cuanto dispone la autoridad, de aquí mil sistemas pensados para hacer ineficaz la fuerza de la disciplina, de aquí los

---

[5]   En este contexto, odios de raza se identifican con odios nacionalistas.
[6]   *AAS* 6 (1914), p. 569.

asombrosos delitos de los que, haciendo profesión de anarquía, no dudan en atentar contra los bienes y la vida ajenos.[7]

No hay que olvidar que el origen de la primera Guerra Mundial fue el atentado de Sarajevo contra el heredero del imperio austriaco, y que el anarquismo había realizado y realizaría en el futuro numerosos magnicidios. Entre sus víctimas se cuentan el presidente de los Estados Unidos McKinley, la emperatriz austriaca Elizabeth, el primer ministro español Cánovas del Castillo, el presidente de Francia Sadi Carnot, el rey de Italia Humberto I, el zar de Rusia Alejandro II, etcétera.

Benedicto XV sigue profundizando en las consecuencias que se derivan del rechazo de la doctrina del Evangelio y de la Iglesia. El desprecio de la autoridad humana, que es deletéreo para los Estados, tiene su origen en el divorcio entre los poderes públicos y la religión de Cristo. Cuando la voluntad humana se rebela contra Dios, la voluntad pierde el dominio sobre las pasiones; de la misma manera, "cuando el que rige el pueblo desprecia la autoridad divina, el pueblo a su vez se burla de la autoridad humana". Entonces "queda sólo la violencia como medio para sofocar las rebeliones. Pero ¿qué aprovecha? La violencia somete los cuerpos, pero no las almas".[8]

En el terreno de la *fraternidad* deformada y vacía de contenido y de la *autoridad* despreciada nace la *lucha de clases*. El cuerpo social tiene cohesión "por la unión entre sus miembros que brota de la mutua

---

7   *AAS* 6 (1914), p. 570.
8   *AAS* 6 (1914), p. 571.

caridad y por la unión de estos con la cabeza por la sujeción a la autoridad". Perdidas caridad y autoridad encontramos una sociedad dividida en dos: proletarios y trabajadores contra los que poseen riquezas. Aparece una *lucha de clases* que ofende "la caridad, la justicia y la propia razón".[9] Tres años más tarde estallaría la Revolución de Octubre en San Petersburgo, y el marxismo empezaría una marcha triunfal hasta 1989.

Todos los problemas señalados tienen una raíz más profunda: la *codicia*: "El pernicioso error de que el hombre no debe esperar en un estado de felicidad eterna, que aquí abajo puede ser feliz gozando de las riquezas, de los honores y de los placeres de la vida", se inculca en las escuelas, cuando el corazón de los jóvenes es moldeable como la cera; y a través de la prensa y otros medios de opinión pública se informan las inteligencias de las masas inexpertas.[10] Benedicto XV no duda en calificar las escuelas como perversas y a la prensa como malvada cuando son medios para manipular a los más desprotegidos: los jóvenes y las personas con poca formación. Con el deseo natural de felicidad transformado en *codicia* muere la *fraternidad*, la *autoridad* no es respetada y se incita a la *lucha de clases*.

Benedicto XV, en los siguientes párrafos, traza las grandes líneas para la superación de la *codicia*. La solución consiste en promover entre los hombres la aspiración a los bienes eternos y hacerlos dudar de la felicidad que proporcionan los bienes temporales. "Los bienes de la vida mortal son sólo apariencia de

---

[9]   *AAS* 6 (1914), p. 572.
[10]   *Cfr.* AAS 6 (1914), p. 573.

bien [...], si queremos de verdad ser felices debemos, al contrario, renunciar a ellos". Esta enseñanza tan importante "la han abandonado muchos y otros la han olvidado completamente (...); hay que hacerla revivir entre los hombres: sin ella el hombre y la sociedad humana nunca obtendrán la paz". La crítica de Benedicto XV a la mentalidad burguesa, centrada en la codicia, no será una voz aislada: son muchos los que denuncian la codicia como uno de los males principales de la sociedad de esos años. Basta pensar a las diatribas que dirigen contra la mentalidad burguesa Léon Bloy, Nicolás Berdiaeff, Pierre van der Meer, Emmanuel Mounier.[11]

Los bienes eternos son las verdaderas bienaventuranzas del hombre sobre la tierra, su verdadera felicidad. Y son el único medio para conseguir la paz individual y de la sociedad. Esta meta es la que propone para la Iglesia en el inicio de su pontificado: "

> Procurar con todo medio y actividad hacer florecer entre los hombres la fe en la verdad sobrenatural y, a la vez, la estima, el deseo y la esperanza de los bienes eternos, es nuestra principal misión, venerables Hermanos, y la del clero y de todos nuestros hijos que, unidos en distintas formas, trabajan con celo por la gloria de Dios y el verdadero bien de la sociedad".[12]

En su encíclica inaugural, Benedicto XV realiza un análisis detenido de la situación mundial. Los grandes males de la época encuentran su causa en el

---

[11] Cfr. M. Fazio, *Cristianos en la encrucijada. Los intelectuales cristianos en el periodo de entreguerras*, Madrid, Rialp, 2008, *passim*.

[12] *AAS* 6 (1914), p. 574.

abandono de los principios cristianos, y en la propagación de una mentalidad secularizada, que absolutiza valores meramente terrenos. Lo cual provoca una crisis antropológica, política y social sin precedentes. La crisis no estalla de un día para el otro, sino que es la consecuencia de un proceso de incubación de las ideologías del siglo xix, caracterizadas por el materialismo, el egoísmo individual (liberalismo) y social (nacionalismo) y la degradación de las costumbres. En resumen, se podría sintetizar el diagnóstico benedictino con la triple concupiscencia de la que habla san Juan en su primera epístola, y que cita textualmente el Papa: "La concupiscencia de la carne, la concupiscencia de los ojos y la arrogancia de los bienes terrenos" (I Jn 2,16). El remedio es volver a una visión sobrenatural de la vida, y a la práctica de los principios evangélicos, en particular la caridad.

Pacem Dei munus (23-V-1920)

El 23 de mayo de 1920 Benedicto XV publica su encíclica *Pacem Dei munus* sobre la restauración cristiana de la paz.[13] El Papa escribe este documento cuando ya ha terminado la guerra y se han firmado los acuerdos de paz. Sin embargo, quedan todavía abundantes gérmenes de antiguos rencores. El mismo pontífice hará referencia al objetivo de la encíclica: "Después de la grave tensión de la guerra hemos indicado en Nuestra reciente Encíclica *sobre la restauración cristiana de la paz* qué era necesario para restablecer la tranquilidad del orden, considerando especialmente las relaciones que

---

[13] *Cfr. AAS* 12 (1920), pp. 209-218.

se establecen entre pueblo y pueblo, y entre individuo e individuo en el campo civil".[14]

Para restablecer la tranquilidad del orden, Benedicto XV propone la caridad. Todo el documento está dirigido a exponer el contenido de esta caridad, única fuente de la que puede brotar la verdadera paz. "Ninguna paz puede tener consistencia y ninguna alianza puede tener vigor [...] si no se sofocan los odios y las enemistades por medio de una reconciliación basada sobre la caridad mutua".[15] Reconciliación y caridad que estuvieron ausentes en la Paz de Versalles, con las consecuencias nefastas que dicha ausencia acarreó en el futuro inmediato.

La caridad cristiana consiste en el amor mutuo siguiendo las enseñanzas y el mandato de Jesucristo.[16] El contenido de la caridad incluye el perdón de las ofensas, tarea ardua y difícil si no se contara con el ejemplo del divino Maestro.[17] Y esta caridad para ser auténtica debe ir acompañada de buenas obras como enseña la parábola del buen samaritano.[18]

"La Iglesia reivindica para sí, como misión propia, esta labor de curar las heridas de la humanidad, porque es la heredera del espíritu de Jesucristo".[19] Benedicto XV tenía la convicción de que la caridad era una necesidad imperiosa en el mundo que le tocó vivir. Ésta es la razón de ser de esta encíclica y el por qué la Iglesia debe convertirse en un modelo de acción

---

[14] Benedicto XV, *Bonum sane, motu proprio* del 25 de julio de 1920 en U. Bellochi, *Tutte le encicliche e i principali documenti pontifici emanati dal 1740*, El Vaticano, Libreria Editrice Vaticana, 2000, VIII, p. 371.

[15] *AAS* 12 (1920), pp. 209-210.

[16] *Ibid.*, p. 211.

[17] *Ibid.*, pp. 211-212.

[18] *Ibid.*, pp. 212-213.

[19] *Ibid.*, p. 213.

humanitaria, también con sus enemigos: una Iglesia ejemplo de caridad que irradiara su luz a todos los pueblos, pues "estas obras de la beneficencia cristiana suavizan los espíritus y poseen por esto mismo una extraordinaria eficacia para devolver a los pueblos la tranquilidad pública".[20]

El Papa también quiso ser personalmente ejemplo de caridad. Perdonó públicamente a todos los que le habían criticado y ofendido sin reclamar ninguna reparación: "Perdonamos de todo corazón a todos y cada uno de Nuestros enemigos que, consciente o no, han cubierto y cubren todavía Nuestra persona y Nuestra labor de todo tipo de injurias; los abrazamos a todos con gran caridad y afecto, y no desaprovecharemos ninguna ocasión para favorecerlos en lo que podamos".[21] No es éste el lugar para enumerar las obras de caridad del pontífice de las que, por otra parte, ya hemos hecho referencia en el apartado anterior. En este momento sólo queremos hacer notar que publicó dos encíclicas, en 1919 y 1920, dirigidas a todo el mundo católico con el único fin de socorrer a los pueblos que todavía sufrían fuertes carestías como consecuencia de la guerra.[22]

En la encíclica, dirigida a los obispos, les pide que exhorten a sacerdotes y fieles para que obren de esta misma manera: que "no sólo olviden los odios y perdonen las injurias, sino que además practiquen con la mayor eficacia posible todas las obras de la caridad cristiana que sirvan de ayuda a los necesitados".[23]

---

[20] *Ibid.*, p. 214.

[21] *Ibid.*, p. 212.

[22] *Cfr.* encíclicas *Paterno iam diu* del 24 de noviembre de 1919 y *Annus iam plenus* del 1 de diciembre de 1920 en *AAS* 11 (1919), pp. 437-439 y *AAS* 12 (1920), pp. 553-556, respectivamente.

[23] *AAS* 12 (1920), p. 214.

Benedicto XV era consciente del papel relevante que tienen en la sociedad los escritores, comentaristas y periodistas, por eso hace mención especial a los fieles católicos que ejercen estas actividades: "Procuren reflejar esta benignidad en sus escritos. Por lo cual deben abstenerse no sólo de toda falsa acusación, sino también de todo exceso y agravio en las palabras, porque esta intemperancia no sólo es contraria a la ley de Cristo, sino que además puede abrir cicatrices mal cerradas, sobre todo cuando los espíritus, exacerbados por heridas aún recientes, tienen una gran sensibilidad para las más leves ofensas".[24]

El final del documento lo dedica a enumerar algunas sugerencias prácticas con las que quiere favorecer la paz en las instituciones públicas y los Estados. En esta parte de la encíclica cambia de interlocutor, y pasa a dirigirse a las instituciones, puesto que "la ley evangélica de la caridad entre los individuos no es distinta a la que debe existir entre los Estados y las naciones ya que en definitiva éstas no son otra cosa que una unión de individuos".[25]

Benedicto XV percibe que están naciendo algunos elementos positivos de acercamiento entre los pueblos y con sus sugerencias procurará fomentarlos y consolidarlos. "Desde que ha terminado la guerra [...] se intuye una conexión universal de pueblos movidos naturalmente por los mutuos intereses, especialmente ahora que crece el progreso y las vías de comunicación se están multiplicando admirablemente".[26]

Para favorecer el acercamiento y la comunicación entre pueblos, anula la prohibición que pesaba

---

[24] *Idem.*

[25] *Ibid.*, p. 215.

[26] *Idem.*

sobre los príncipes católicos de visitar oficialmente Roma, como protesta por la usurpación de los Estados pontificios.[27] Y en la misma línea de promover la unión entre los pueblos propone la creación de una sociedad de naciones, pero con bases distintas de la Sociedad de Naciones que surgió en junio de 1919 como consecuencia del Tratado de Versalles. En efecto, dicha sociedad se basaba sobre la victoria bélica: las potencias derrotadas eran excluidas, y por distintos motivos tampoco participaron Estados Unidos y Rusia. Benedicto XV propone una unidad más universal, fundada sobre la ley cristiana de fraternidad:

> Es deseable, venerables hermanos, que todos los Estados olviden sus mutuos recelos y constituyan una sola sociedad o, mejor una familia de pueblos, tanto para garantizar la propia independencia como para conservar el orden en la sociedad humana. Sirva de estímulo para crear esta sociedad de pueblos, entre otros muchos que omitimos, la misma necesidad universalmente reconocida de suprimir o al menos reducir los enormes presupuestos militares, que resultan ya insoportables para los Estados, y acabar de esta manera para siempre con las desastrosas guerras modernas, o por lo menos alejar lo más remotamente posible el peligro de la guerra, y asegurar a todos los pueblos, dentro de sus justos límites, la independencia y la integridad de sus propios territorios.[28]

La unidad internacional que Benedicto XV delinea no se separa de la consideración tradicional de

---

[27] *Cfr. Ibid.*, pp. 215-216.
[28] *Ibid.*, p. 216.

la *societas christiana* y con cierta nostalgia presenta el ideal de la *christianitas* medieval.

> Una vez que esta liga de naciones esté fundada sobre la ley cristiana, la Iglesia no dejará de dar su válida contribución en todo lo que se refiere a la justicia y la caridad. Puesto que la Iglesia por su misma esencia y finalidad es la sociedad universal más perfecta, es de una eficacia maravillosa para unir a los hombres entre sí; tanto en orden a la salvación eterna como en orden al bienestar material, conduce a los hombres a través de los bienes temporales sin que pierdan los eternos. La historia nos enseña que desde que la Iglesia permeó con su espíritu los antiguos pueblos bárbaros de Europa, fueron cesando poco a poco las luchas que los dividían y se fueron uniendo en una sociedad homogénea, dando origen a la Europa cristiana en la que bajo la guía y tutela de la Iglesia cada uno conservó sus propias características. Esta armonía culminó en una unidad compacta, generadora de prosperidad y de grandeza.[29]

Nos hemos detenido a exponer brevemente las enseñanzas de Benedicto XV contenidas en esta encíclica sobre la caridad porque son centrales en su promoción de la paz y su empeño por construir una sociedad basada en el espíritu cristiano. La caridad entre los hombres, enraizada en Jesucristo y consistente en amor mutuo, perdón y obras generosas, es la receta que siempre ofrece el pontífice: contra la guerra caridad y contra la lucha de clases caridad, sin ningún

---

[29]   *Ibid.*, p. 217.

miedo a las exigencias sociales, políticas y económicas del evangelio. Desde luego, eran palabras que iban contracorriente con respeto al ambiente revanchista y el espíritu vengativo de la inmediata posguerra. Las heridas habían quedado abiertas, y pocas voces se alzaron para acompañar a la del papa genovés con la intención de cerrarlas y curarlas.

Sacra propediem (6-I-1921)

Siguiendo la línea de propuestas para solucionar la crisis moral de su tiempo, al año siguiente, el 6 de enero de 1921, se publica la encíclica *Sacra propediem*, con ocasión del VII centenario de la fundación de la orden tercera franciscana, a la que él mismo pertenecía.[30] Benedicto XV inicia el documento describiendo a grandes rasgos el origen y la finalidad de los terciarios franciscanos. La regla de esta orden tercera ya había sido modificada por León XIII para adaptarla a la vida contemporánea y ahora el pontífice, que ve cómo la santidad de vida sigue siendo una necesidad, la propone a todos los cristianos pues "ningún estado de vida es incompatible con la santidad".[31]

El pontífice, que espera de la orden tercera franciscana una nueva promoción de caridad y de paz, "exhorta a todos los hijos de la Iglesia a adscribirse voluntariamente" a ella, ya que "se adapta admirablemente a las necesidades del tiempo presente",[32] y contribuirá a la mejora de las costumbres públicas y privadas y será de gran provecho para el pueblo

---

[30] *Cfr. AAS* 13 (1921), pp. 33-41.
[31] *Ibid.*, p. 38.
[32] *Ibid.*, pp. 33-34.

cristiano.[33] Los años de entreguerras marcan un auge de las terceras órdenes. La mayoría de los intelectuales católicos de este periodo pertenecerán a alguna: las sugerencias del Papa no cayeron en saco roto.

Benedicto XV continúa el documento haciendo un diagnóstico de la sociedad, parecido al que ya había hecho en la encíclica *Ad beatissimi*.

> Si miramos bien, dos son hoy las pasiones dominantes en esta increíble perversidad de costumbres: el amor desmedido a las riquezas y la sed insaciable de placeres. El siglo nuestro, mientras hace continuos progresos en lo que se refiere a la comodidad de vida, en lo que se refiere a vivir honestamente —que es lo que más importa— parece que quiere volver a pasos agigantados hacia la corrupción del paganismo.[34]

Entre los males que detecta está la corrupción de la mujer, manifestada en la pérdida del pudor. No hay que olvidar que junto con las tragedias que trajo consigo la guerra, los años veinte son también conocidos como *los años locos*. También se habla de esa década como *los felices veinte*. La frivolidad en los espectáculos —alentada por la aparición del cine poco tiempo antes—, la relajación de las costumbres manifestada en la moda, en los bailes (tango, charleston, fox-trot, etc.) dejaban su huella en los usos sociales.[35] De ahí que Benedicto XV se preocupe de las nuevas

---

[33] *Cfr. Ibid.*, pp. 35-36.

[34] *Ibid.*, p. 38.

[35] Para conocer la *forma mentis* de muchos protagonistas de los años viente, es útil la lectura de la célebre novela de Francis Scott Fitzgerald, *El gran Gatsby*.

tendencias, que atañen fundamentalmente a la mujer, con unas formas de vestir inmorales. También fustiga "los bailes exóticos y bárbaros, uno peor que otro, que se han puesto de moda en el mundo elegante; no se podría haber encontrado un camino más adecuado para eliminar todo rastro de pudor".[36]

Benedicto XV espera de los terciarios franciscanos el ejemplo de una vida de renuncia a las comodidades y de paciencia ante el dolor. "Difundan el buen olor de Cristo con la integridad en la fe, con la inocencia de vida y son su celo operativo. Que sean una amonestación viva y una invitación para que los hermanos extraviados vuelvan al buen camino: esto se les exige, esto espera la Iglesia".[37] Y a las terciarias franciscanas les pide que "en el vestir y en todo el porte exterior sean ejemplo de santa pureza para las muchachas y las madres: y sepan que no hay servicio mejor a la Iglesia y a la sociedad que esta cooperación a la enmienda de las costumbres".[38]

Como conclusión en esta referencia a la encíclica *Sacra propediem* señalamos que Benedicto XV repite alarmado lo que ya había escrito en otras ocasiones sobre la sociedad y las costumbres de la época, y vuelve a proponer la caridad de Jesucristo como ejemplo que arrastrará hacia la virtud. Quizá sea un matiz nuevo en este documento la preocupación por inculcar en el pueblo cristiano la renuncia a las comodidades y placeres de la vida y la aspiración a la sobriedad y sencillez, propias del espíritu franciscano.

Pero lo que nos parece más destacable es la preocupación que el pontífice manifiesta por la

---

[36] *AAS* 13 (1921), p. 39.

[37] *Ibid.*, p. 40.

[38] *Ibid.*, p. 39.

santidad de vida de todos los fieles. Al llamar a todos, también los que pertenecen a las diversas asociaciones católicas,[39] para que se adscriban a la orden tercera franciscana está señalando que la práctica de la radicalidad del Evangelio es la mejor aspiración del hombre y la única vía de solución para los muchos problemas que aquejan a la sociedad contemporánea, y que esta práctica es válida para todos los fieles.

* * *

Según Benedicto XV, la raíz de la crisis mundial está en la codicia de los bienes temporales entre los hombres y el abandono de los principios cristianos en los fundamentos de las instituciones sociales. Las consecuencias serán la desunión de los hombres entre sí y con la cabeza, es decir, la lucha de clases y la pérdida del sentido de la autoridad. El Papa, para contener la descristianización que promueve esta cultura, propone el ejercicio de la caridad y la formación y valentía de los encargados de extender el mensaje cristiano, sacerdotes y fieles. Sus categorías mentales y espirituales son aún las propias de la cristiandad, aunque no faltan las referencias al derecho natural.

El lenguaje que utiliza Benedicto XV es directo y sencillo. Tanto al constatar la crisis como al aportar soluciones, va a la esencia del Evangelio. La sociedad ha olvidado las enseñanzas de Jesucristo y el remedio es volver a impregnarlas de valores cristianos. En su magisterio se entrevé la confianza del pontífice en la verdad evangélica: cuando los hombres se dejan guiar por los principios cristianos, se construye

---

[39]   *Ibid.*, pp. 36-38.

necesariamente una sociedad pacífica y armónica en la que, usando adecuadamente los bienes temporales, se alcanzan los bienes eternos.

* * *

Después de siete años intensos de pontificado, Benedicto XV murió, a causa de una pulmonía, el 22 de enero de 1922. En sus últimos momentos dio muestras de una profunda fe y de una identificación completa con la voluntad de Dios. Siempre había tenido una salud frágil, pero nadie había pensado que la gripe que contrajo a principios de enero se complicara hasta causarle la muerte.

El socialista italiano Claudio Treves escribía pocos días después de su muerte:

> Benedicto XV ha muerto en medio del respeto universal, como un gran Papa [...]. Es a él a quien hay que juzgarlo como el único victorioso, ya que fue el Papa de la guerra y nunca quiso tomar parte en la misma [...]. No fue comprendido, o mejor, nunca quisieron comprenderlo. Su comportamiento no fue visto como conveniente porque era la viva refutación de los engaños con que se enmascaraban las coaliciones bélicas para embriagar a los pueblos y arrastrarlos a una inútil matanza... Cada parte afirmaba de él que se hallaba vendido a la opuesta, pero ni los mismos que pronunciaban tales calumnias creían en las mismas [...]. Mientras nosotros atizábamos los incendios de la guerra, él siempre supo mantenerse dentro de su misión de custodio de los principios verdaderos de la paz y de la convivencia civil.[40]

---

[40] C. Treves, en *Crítica Social*, XXXII (1922), núm. 3, pp. 37-38.

Según Federico Requena, el pontificado de Della Chiesa

> fue incomprendido por la mayoría de sus contemporáneos. Se ha intentado explicar esa incomprensión argumentando que Benedicto XV fue un adelantado para su tiempo; otros piensan que fue plenamente un hombre de su tiempo, pero que se enfrentó como pocos a algunos de los aspectos del mundo que le tocó vivir. Recientemente, Ives-Marie Hilaire lo define como un profeta mal recibido. En cualquier caso, lo que parece claro es que es un pontificado que la historiografía va progresivamente rehabilitando.[41]

Los dos adjetivos que se utilizan con más frecuencia para definir a Benedicto XV son los de "incomprendido" y "desconocido". En el siglo XXI, un sucesor suyo se encargará de ponerlo otra vez en primer plano: Benedicto XVI explicó que

> he querido llamarme Benedicto XVI para vincularme idealmente al venerado pontífice Benedicto XV, que guió a la Iglesia en un periodo agitado a causa de la primera Guerra Mundial. Fue intrépido y auténtico profeta de paz, y trabajó con gran valentía primero para evitar el drama de la guerra y, después, para limitar sus consecuencias nefastas. Como él, deseo poner mi ministerio al servicio de la reconciliación y la armonía entre los hombres y los pueblos, profundamente convencido de que el

---

[41] F. Requena, "Benedicto XV. Un papa entre dos mundos", en *Anuario de Historia de la Iglesia*, VI, Pamplona, 1997, pp. 75-76.

gran bien de la paz es ante todo don de Dios, don —por desgracia— frágil y precioso que es preciso invocar, conservar y construir día a día con la aportación de todos.[42]

En medio de la tragedia de la primera Guerra Mundial y de sus trágicas consecuencias en todos los órdenes de la sociedad, la débil figura de Benedicto XV alzó la voz y recordó al mundo que era necesario superar la lógica del odio, de la violencia y de la venganza para alcanzar la paz. Lamentablemente, muchos no escucharon sus advertencias, y Pío XI encontrará un mundo dividido y lleno de rencor, que llevará, pocos meses después del final de su pontificado, a la segunda Guerra Mundial.

---

[42] Audiencia, 27 de abril de 2005.

Referencias

AA. vv., *War Poets. Nelle trincee della Prima Guerra mondiale*, Paola Tonussi (ed.), Milán, Ares, 2022.

Acta Apostolicae Sedis (AAS).

AAS (1917).

AAS 6 (1914).

AAS 7 (1914).

AAS 7 (1915).

AAS 11 (1919).

AAS 12 (1920).

AAS 13 (1921).

BENEDICTO XV, *Bonum sane, motu proprio* del 25 de julio de 1920, en U. Bellochi, *Tutte le encicliche e i principali documenti pontifici emanati dal 1740*, El Vaticano, Libreria Editrice Vaticana, 2000, VIII, p. 371.

CARRÈRE D'ENCAUSSE, H., *Lenin*, Milán, TEA, 2003.

CHALINE, N.-J., (ed.), *Chrétiens dans la première guerre modiale*, París, Cerf, 1993.

DE LA PARRA, Teresa, *Memorias de la Mamá Blanca, Caracas*, Dimensiones, 1979.

DÍAZ HERNÁNDEZ, O., *Historia de los papas en el siglo XX*, Barcelona, Base, 2017.

FAZIO, M., *Cristianos en la encrucijada. Los intelectuales cristianos en el periodo de entreguerras*, Madrid, Rialp, 2008.

G. RUMI (ed.), *Benedetto XV e la pace-1918*, Brescia, Morcelliana, 1990.

GILBERT, M., *La primera Guerra Mundial*, Madrid, La esfera de los libros, 2004.

HOFFMANN, D. L., *La era de Stalin*, Madrid, Rialp, 2019.

J. E. Schenk Sanchis-V. Cárcel Ortí, *Benedicto XV, Papa de la paz*, Valencia, EDICEP, 2005.

JÜNGER, E., *Tempestades de acero*, Barcelona, Tusquets, 2018.

KERSHAW, I., *Descenso a los infiernos*, Barcelona, Crítica, 2021.

KEYNES. J. M., *Las consecuencias económicas de la paz*, 1919.

MACMILLAN, M., *1914. De la paz a la guerra*, Madrid, Turner, 2013.

__________, *París 1919. Seis meses que cambiaron el mundo*, Barcelona, Tusquets, 2005.

MESSORI, V., *Prefazione* a F. Amabile-M. Tossati, *La vera storia del Mussa Dagh*, Milán, Guerrini, 2003.

MIGLIORI, G., *Benedetto XV*, Milán, Editrice Daverio, 1955.

MONS. GALINDO, Pascual (trad. e índice) *Colección de Encíclicas y Documentos Pontificios (Concilio Vaticano II)*, Madrid, Acción Católica Española, 1967.

MONTICONE, A. "Il Pontificato di Benedetto XV", en *Storia dei Papi* (dirigida) M. Greschat y E. Guerriero, Cinisello Balsamo, San Paolo, 1994

OSSANDÓN, M. E., *Una aproximación a la acción humanitaria de la Santa Sede durante la primera Guerra Mundial, a partir de fuentes publicadas, en Annales Theologici*, vol. 23, núm. 2 (2009), pp. 325-326.

POLLARD, J.F., *Il Papa sconosciuto*, Cinisello Balsamo, San Paolo, 2001.

REGOLI-P. VALVO, R. *Tra Pio X e Benedetto XVI. La diplomazia pontificia in Europa e America Latina nel 1914*, Roma, Sudium, 2018.

REQUENA, F., "Benedicto XV. Un P.apa entre dos mundos", en *Anuario de Historia de la Iglesia*, VI, Pamplona, 1997, pp. 75-76.

ROTH, J., *Primavera de café. Un libro de lecturas vienesas*, Barcelona, Acantilado, 2010.

SALE, G., "Il genocidio degli armeni. Una ferita ancora aperta", en G. Sale, *Il Novecento tra genocidi, paure e speranze*, Milán, Jaca Book, 2006, pp. 27-28.

SCOTTÀ, S., *Giacomo Della Chiesa arcivescovo de Bologna (1908-1914). L'"ottimo noviziato" episcopale di Benedetto XV*, Soveria Mannelli, Rubettino, 2002.

SERTILLANGES, D., *La paix française*, París, Bloud et Gay, 1917.

TRASSATI, S. *La croce e la stella. La chiesa e i regimi comunisti in Europa dal 1917 a oggi*, Milán, Mondadori, 1993.

TREVES, C., en *Crítica Social*, XXXII (1922), núm. 3.

VITALLI, F., *Benedetto XV*, Roma, 1928.

ZALDÍVAR MIQUELARENA, P., *Benedicto XV. Un pontificado marcado por la Gran Guerra*, Pamplona, EUNSA, 2015.

ZWEIG, S., *Il mondo di ieri*, Milán, Mondadori, 1946.

Este libro se imprimió en la Ciudad de México,
el 3 de septiembre de 2024, 110º aniversario
de la elección de Pío XI como Obispo de
Roma de 2024, en Litográfica Ingramex S. A. de C. V.
Centeno 162-1, Granjas Esmeralda, Iztapalapa,
C. P. 09810, Ciudad de México, México